KB264369

중용의 사부, 베네딕도의 영성

중용의 사부, 베네딕도의 영성

2015년 4월 27일 교회 인가
2015년 5월 7일 초판 1쇄
2019년 12월 30일 초판 2쇄

지은이   허성석
펴낸이   박현동
펴낸곳   성 베네딕도회 왜관수도원 ⓒ 분도출판사
찍은곳   분도인쇄소

등록   1962년 5월 7일 라15호
주소   04606 서울 중구 장충단로 188(분도출판사 편집부)
          39889 경북 칠곡군 왜관읍 관문로 61(분도인쇄소)
전화   02-2266-3605(분도출판사)·054-970-2400(분도인쇄소)
팩스   02-2271-3605(분도출판사)·054-971-0179(분도인쇄소)
홈페이지 www.bundobook.co.kr

ISBN 978-89-419-1508-9 03230

중용의 사부,
베네딕도의 영성

허성석 지음

분도출판사

【일러두기】

1. 성경 인용문은 『성경』(한국 천주교 주교회의 2005)을, 베네딕도 규칙은 『성 베네딕도 규칙: 번역·주해』(허성석, 들숨날숨 2011)를 따랐다.

2. 『성 베네딕도 규칙』은 『성규』, 『스승의 규칙』은 『스승』으로 약칭한다.

물의 지혜

가끔 물을 생각합니다.
형체도 색깔도 없는 물을 생각합니다.

생명이 있는 어디든
물도 함께합니다.
물 없이 생명도 존재할 수 없기 때문입니다.

물은 모든 곳에 담길 수 있습니다.
작은 그릇, 큰 그릇, 네모난 그릇, 둥근 그릇
그 어떤 틀에도 구속되지 않습니다.
형체가 없기 때문입니다.

물은 온갖 색을 투영할 수 있습니다.
검은색은 검게, 빨간색은 빨갛게
파란색은 파랗게, 노란색은 노랗게 …
색깔이 없기 때문입니다.

물은 자기가 없으면서 존재합니다.

어떤 틀과 색깔을 주장하지 않습니다.
자기를 주장하지 않습니다.

물은 모든 것을 품고 모든 것을 수용합니다.
있는 그대로의 현실을 받아들입니다.
그렇지만 결코 자기를 잃는 일이 없습니다.

물은 아래로 흐릅니다.
결코 위를 향하지 않습니다.
물은 가는 곳마다 생명을 움트게 하고
모든 더러움을 정화합니다.

물은 무아유존無我有存의 지혜를 가르쳐 줍니다.
없어짐으로써 존재하고
내려감으로써 올라가고
그 어떤 장소나 환경에도 적응하고
그 누구와도 어우러질 수 있는
하지만 절대 자기 본질과 중심을 잃지 않는 지혜입니다.

일찍이 노자老子는 도道를 물에 비유한 바 있습니다.
물의 교훈은 수행의 정도를 가늠하게 합니다.
수행의 완성은 바로 물의 경지가 아닐까 합니다.
이 경지는 자기가 죽을 때 비로소 도달 가능할 것입니다.

차례

우리 그리스도인은 하느님을 찾는 사람이다. "암사슴이 시냇물을 그리워하듯, 하느님, 제 영혼이 당신을 이토록 그리워합니다"(시편 42,2)라는 시편 저자의 말처럼 우리는 하느님이 그리워 그분을 찾는 사람들이다. 그래서 그리스도인 삶은 하느님을 찾는 여정과도 같다.

하느님을 향한 여정을 안내하는 기본 지침은 복음 성경이다. 성 바실리우스는 복음 성경을 우리 그리스도인 삶의 유일한 지침으로 제시한다. 이 지침을 각각의 삶에 구체적으로 적용한 것이 수도 규칙들이고, 그중 하나가 바로 『성 베네딕도 규칙』(이하 『성규』)이다. 『성규』는 무엇보다도 하느님을 찾는 삶의 지침이다. 이 지침은 복음 성경을 단단히 토대로 삼고, 베네딕도 당시의 시대적 상황과 장소에서 복음의 가르침을 구체적으로 적용한 것이라 할 수 있다.

『성규』는 지금으로부터 천오백 년 전 이탈리아의 한 산골 누르시아에서 출생한 베네딕도라는 인물이 생애 말년에 쓴 작품으로 알려져 있다. 이 규칙은 처음에는 당시 통용되던 여러 규칙 중 하나에 불과했다. 그러다 점차 세상에 알려지게 되었고, 그 고유의 탁월성과 여러 이유로 인해 중세 유럽의 수도생활을 위한 유일한 규칙으로 확고히 자리 잡게 되었다. 따라서 서방 수도생활의 역사는 13세기 탁발수도회라는 새로운 수도생활의 형태가 태동하기 이전까지는 베네딕도회 역사라고 해도 과언이 아니다.

『성규』는 그 이후에도 여전히 많은 그리스도인의 영성과 삶에 큰 영향을 미쳐 왔고, 오늘날까지 그것을 따르는 수도자들의 삶의 지침이 되고 있다. 이 규칙을 따르는 수도자를 베네딕도회 수도자라고 일컫는다.

베네딕도 회원은 여러 규칙 가운데 『성규』에 따라 하느님을 찾겠다고 선택한 사람이다. 베네딕도가 성령의 인도로 그리스도를 통해서 하느님께 나아간 그 길을 따르는 사람이다. 그는 베네딕도가 제시하는 영적 가르침을 알고 구체적으로 실천하고자 노력해야 한다. 그 가르침이 제시되어 있는 것이 바로 『성규』다. 『성규』 자체로 들어가 그 정신을 뽑아내다 보면 우리는 그 안에 담긴 풍요로운 가르침과 그 이면에 묻어 있는 베네딕도의 인격적 면모를 접하게 될 것이다.

필자는 지난 몇 년간 베네딕도회 공동체들의 연중 피정이나 재교육 혹은 특강이나 영성 강좌를 통해 베네딕도의 영성을 나누어 왔다. 이는 『성규』에 담긴 베네딕도 성인의 영적 가르침을 살펴보고 거기서 나타난 그분의 정신과 인격을 만나는 것이었다. 그때 나누었던 내용을 정리하여 2013년에 들숨날숨에서 『중용의 사부, 성 베네딕도의 영적 가르침』이라는 제목으로 출간한 바 있다. 당시에는 강의 녹취록을 풀어 정리했던 것이고, 또 베네딕도 성인의 영적 가르침을 하루빨리 좀 더 많은 사람과 나누고자 하는 마음이 앞선 탓에 적지 않은 곳에서 미진한 부분이 발견되어 독자들에게 늘 죄송스러운 마음이 없지 않았다. 그러던 중 이번에 분도출판사에서 기존의 내용을 전체적으로 수정·보완하여 『중용의 사부, 베네딕도의 영성』이라는 제목으로 새롭게 출간하게 되었다.

영성을 이야기할 때 우리는 먼저 용어에 대해 올바로 이해해야 한다. '영성'spiritualitas이란 말은 비교적 후대에 생겨났다. 고대 문헌들에는 이 말 대신 '내적 생활' 혹은 '영적 생활'이란 표현이 나오는데, 그것이 담고 있는 내용도 상당히 광범위한 것이었다. 영성이란 말에는 그러한 내용들을 다 포괄하지 못하는 한계가 있으며, 또 이 말은 그리스도교 밖에서도 두루 사용되고 있다.

그러므로 우리는 그리스도교적 영성의 의미를 명확히 할 필요가 있다. 그리스도교 안에서 영성이란 말의 고대적·어원적 의미는 '성령으로 충만한 내적 생활'로 알아들을 수 있다. 따라서 그리스도교 영성이란 성령의 인도로 그리스도를 통해서 하느님께 나아가는 삶이라 할 수 있다. 이것이 그리스도교 영성의 핵심이다. 아울러 베네딕도 영성이란 하느님을 향한 이 여정에 대한 베네딕도 성인 고유의 영적 가르침을 말한다.

이 개정판의 전체적 구성과 내용은 기존판과 크게 다르지 않다. 먼저 하느님을 향한 여정이란 주제로 수도생활에 대한 베네딕도 성인의 이상을 『성규』 머리말과 1장을 중심으로 살펴볼 것이다. 그런 다음 『성규』 5장, 68장, 71장을 통해 하느님께 되돌아가는 우리 구원 여정에서의 유일무이한 도구인 순종에 대해 살펴보고, 순종과 연결된 덕들인 들음(3장), 침묵(6장), 실천(4장), 겸손(7장)을 살펴볼 것이다. 또 『성규』 8-20장과 48장을 중심으로 베네딕도회 삶을 구성하는 세 요소, 즉 하느님의 일, 성독, 노동을 살펴봄으로써 하느님과의 대화가 일상에서 어떻게 이루어지는지를 볼 것이다. 그런 다음 우리 모두의 관건인 그리스도와의 만남이 우리 삶에서 어떻게 가능한지 『성규』 전반에서 정리해 본 후, 늘 우리의 주된 화두인 조화로운 공동체생활을 위한 영적 기술들을 『성규』 63장, 71장, 72장을 통해서 뽑아 볼 것이다. 끝으로 『성규』 전체의 종합이라고 할 수 있는, 『성규』에 나타난 베네딕도의 인격적 면모를 종합해 보고자 한다.

베네딕도의 영적 가르침을 전하는 이 책이 베네딕도를 사부로 모시는 이들은 물론, 그를 사랑하고 그의 가르침에서 지혜로운 삶을 위한 영감을 얻고자 하는 모든 이에게 베네딕도의 영성과 인격에 다가가게 하는 작은 안내서가 되기를 바란다.

2015년 5월
허성석 로무알도 신부

서방 수도생활의 아버지, 분별력과 중용의 사부 성 베네딕도(480~547)

제1장 하느님을 향한 여정

베네딕도의 수도생활의 이상은 『성규』 머리말과 1장에서 전체적 개요가 제시된다. 『성규』 머리말과 1장을 중심으로, 하느님을 향한 여정인 수도생활에 대한 베네딕도 성인의 이상, 즉 수도생활의 목표와 거기에 이르는 수단을 살펴보자.

1. 수도생활로의 초대(『성규』 머리말)

베네딕도는 자신의 규칙을 시작하면서 이렇게 말한다. "들어라, 아들아, 네 마음의 귀를 기울여 스승의 계명을

(경청하고) 어진 아버지의 권고를 기꺼이 받아들여 그것을 충실히 실행하여라"(머리말 1).

『성규』 첫마디가 '듣다'obscultare라는 동사다. 그리고 마지막 말마디는 '도달하다'pervenire라는 동사다(73,9 참조). 이는 우리 영적 여정이 들음으로 시작해서 영원한 생명에 도달한다는 것을 말해 주고 있다. 이 두 동사 중간에 나오는 내용들은 들은 것에 대한 구체적 실천 방법들이라 할 수 있다. 이런 의미에서 『성규』 전체는 대단히 일관성 있는, 단일 저자의 작품임이 확실해 보인다.

『성규』 머리말은 수도생활로의 초대와도 같다. 베네딕도는 머리말에서 우리를 수도생활로 초대하면서, 『성규』 1장부터 7장까지 수도생활의 토대를 마련한다. 이곳을 통상 영성 부분이라고 하며, 다시 1-3장까지와 4-7장까지로 구분된다. 전자는 수도생활의 기본 구조를, 후자는 수도생활의 영적 토대라 할 수 있는 내용을 다룬다.

1) 하느님께 되돌아감

머리말로 돌아가자. 수도생활의 목적은 무엇인가? 베네딕도의 표현으로는 '하느님 찾음'Quaerere Deum(58,7)이다.

이것은 우리 삶의 목적과도 같다. 하느님을 찾는 이유는 영원한 생명으로 나아가기 위함이다. 멀어졌던 하느님께 되돌아감으로써 우리는 참행복을, 영원한 생명을 얻을 수 있다고 믿기에 하느님을 찾는 것이다. 우리 영적 여정을 다음과 같이 표현해 볼 수 있다.

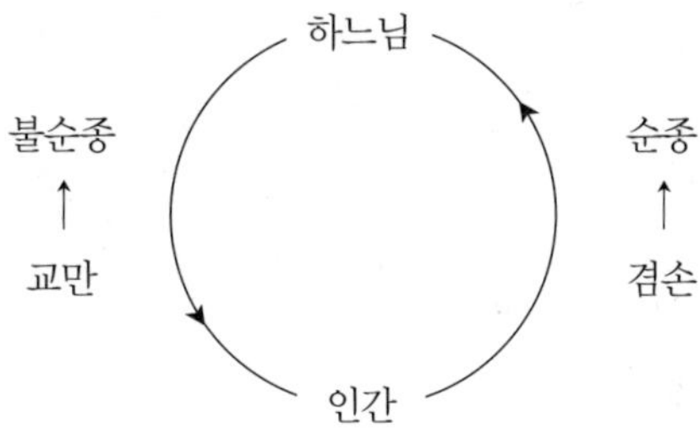

이 그림은 우리 인간의 공동 운명과 과제를 잘 설명해 준다. 인간을 하느님에게서 멀어지게 한 것은 불순종이었다. 불순종으로 인해 인류는 낙원에서 쫓겨났다. 불순종은 하느님과 같아지고자 하는 교만에서 나왔다. 고대부터 동쪽은 보통 낙원을, 그리고 서쪽은 우리가 귀양살이하는 이곳 지상을 상징했다. 따라서 인간의 과제는 우리 본향인 동쪽 낙원으로 되돌아가는 것이다. 다시 말해 멀어져

버린 하느님께 되돌아가는 것이다. 이를 위한 유일하고 참된 수단은 바로 불순종의 대척점에 있는 순종이다.

베네딕도는 머리말 2절에서 "불순종의 나태로 멀어졌던 그분께 순종의 노고로 되돌아가라"고 촉구한다. 순종은 "가장 강하고 훌륭한 무기"(머리말 3)로 제시된다. 이 무기를 잡고 우리는 하느님께 되돌아갈 수 있다. 여기서 수도생활의 목표와 근본 수단이 언급된다. 그 목표는 하느님께 되돌아감이고, 수단은 순종이다.

2) 순종

이제 관건은 순종이다. 우리 삶의 모든 것은 결국 순종으로 귀결된다 해도 과언이 아니다. 하지만 오늘날 현대인들에게 순종이란 말은 부정적인 뉘앙스를 주어 거부감을 느끼게 하는지도 모르겠다. 그래서 어느 때부터인지 한국의 수도자들도 '순종'을 '순명'으로 바꾸어 부르기 시작했다. 이는 하느님을 향한 우리 회귀 여정에서 순종이 차지하는 위치와 중요성을 깊이 고려하지 않은 결과일 수 있다. 순종은 단순히 장상의 명령에 순응하는 것만이 아니다. 어찌 보면 그것은 아주 피상적인 것에 불과하다. 순종은 그보다 훨씬 더 깊은 의미를 지닌 개념이다.

순종이란 쉽게 말해 '말을 듣는 것'이다. '부모님께 순종하라'고 하면 우리는 자연스럽게 '부모님 말씀 잘 들어라'라는 말로 알아듣는다. 이처럼 순종은 '들음'으로 시작된다. 순종을 뜻하는 라틴어 '오베디엔시아'oboedientia가 '듣다'를 뜻하는 라틴어 동사 '아우디레'audire에서 나왔다는 사실이 이를 잘 입증해 준다. 하지만 단순히 듣는 것으로 끝난다면 이는 참된 순종이라 할 수 없다. 들은 것을 실행할 때 순종은 완성된다.

우리는 복음서의 두 아들을 기억한다(마태 21,28-31 참조). 아버지가 두 아들에게 어떤 것을 명령하자 작은아들은 '예'라고 대답했지만 실행하지 않았고, 맏아들은 '아니요'라고 하고서 이내 뉘우치고 실행했다. 누가 과연 아버지께 순종한 것인가? 말할 필요도 없이 아버지의 명령을 실행한 맏아들이다. 이처럼 순종은 '들음'과 '응답'으로 되어 있다. 말씀을 듣고 그것을 실천하는 것이다. 부모님 말씀을 듣는 것은 부모님 말씀을 듣고 실천하는 것이다. 마찬가지로 우리는 하느님께 순종함으로써 다시 그분께 되돌아가는데, 이는 하느님 말씀을 듣고 실천하는 것이다.

결국 순종이란 하느님 말씀을 경청하고 그 말씀에 따라 사는 것을 뜻한다. 하느님 말씀의 핵심에는 바로 사랑이 있다. 신·구약 성경 전체를 통해서 하느님이 우리에게 호소하시는 바는 '사랑' 한마디로 요약될 수 있다. 사랑을 실천하라는 것이 하느님 말씀의 핵심이다. 따라서 순종의 길은 곧 사랑의 길이다. 예수님은 우리에게 순종의 모범을 보여 주셨다. 그분은 "나는 내 뜻이 아니라 나를 보내신 분의 뜻을 실천하려고 하늘에서 내려왔다"(요한 6,38)고 말씀하셨다. 또 필리피서는 "당신 자신을 낮추시어 죽음에 이르기까지, 십자가 죽음에 이르기까지 순종하셨습니다"(필리 2,8)라고 증언한다. 겟세마니 동산에서 기도하실 때도 "아버지, 하실 수만 있으시면 이 잔이 저를 비켜 가게 해 주십시오. 그러나 제가 원하는 대로 하지 마시고 아버지께서 원하시는 대로 하십시오"(마태 26,39)라고 하셨다.

예수님이 가신 길은 아버지께 대한 철저한 순종의 길이었고, 그것은 하느님과 우리에 대한 사랑 때문에 가능했던 길이다. 그리스도를 따르는 제자인 우리는 그분이 가신 이 순종의 길, 즉 사랑의 길을 통해서 하느님께 되돌아가게 될 것이다.

3) 순종에 연결된 덕

순종은 무엇보다도 겸손에서 나온다. 겸손을 바탕으로 하지 않으면 참된 순종이 불가능하다. 교부들은 겸손을 모든 덕의 꽃이라 보았고, 교만을 악의 대장으로 보았다. 그래서 그토록 교만과 불순종에 빠지지 않기 위해서 노력했던 것이다. 그들은 겸손과 순종의 길을 가고자 노심초사했다.

앞에서 우리는 순종은 '들음'에서 시작된다고 했다. 따라서 듣는 것이 중요하다. 현대인에게 가장 취약한 점은 듣지 못한다는 것이다. 대부분 자기표현이나 자기 말을 잘하지만 남의 말을 경청하는 데는 익숙하지 않다. 그러다 보니 모두 자기 말만 한다. 오늘날 우리에게 필요한 가장 시급한 자세는 경청의 자세다.

수도자는 듣는 자다. 이는 제자임을 뜻한다. 우리는 그리스도의 제자들이다. 그래서 늘 듣는 자로 남아 있어야 한다. 또한 세상의 소리, 세상 사람들의 소리에 귀 기울일 필요가 있다.

듣는 것이 이토록 중요하지만 듣더라도 잘 들어야 한다. 잘못 들으면 그릇된 응답이 나온다. 각자 자기 식으로, 자기가 원하는 것만 듣기에 늘 동문서답이다. 잘 듣기 위해 전제되는 것이 있는데, 바로 침묵과 마음의 개방이다. 침묵은 외적 침묵으로 시작되지만 내적 침묵, 마음의 침묵으로 나아가야 한다. 그래야만 내면에서 들려오는 하느님 말씀에 귀 기울일 수 있다. 하지만 침묵만으로는 부족하다. 아무리 침묵하고 있어도 마음을 닫아걸고 있으면 제대로 들을 수가 없다. 닫힌 마음을 지배하는 고정관념과 편견, 선입견이 우리로 하여금 제대로 듣지 못하게 하기 때문이다.

이렇게 해서 순종과 연결된 덕들을 보았다. 겸손, 들음, 침묵, 마음의 개방, 실천이라는 덕들이 마치 사슬처럼 엮인 것과도 같다. 베네딕도 성인은 머리말 2절에서 우리 수도생활의 목표와 근본 수단을 제시한 후 이제 영성 부분으로 들어가서 순종과 연결된 덕들을 하나하나 다루어 나간다. 순종은 『성규』 5장, 들음은 3장, 침묵은 6장, 실천은 4장, 끝으로 겸손은 7장에서 다루게 될 것이다.

머리말 앞부분(1-2절)은 사실 수도자만이 아니라 모든 그리스도인에게 해당되는 내용이다. 베네딕도는 하느님 나라에 도달하기 위하여 먼저 우리 모두를 회개(그리스도인 삶)

로 초대한다. 그리고 머리말 뒷부분으로 가면서 우리를 보다 구체적인 길인 수도생활(45절: 주님을 섬기는 학교)로 초대한다. 이것은 "하느님 계명 길을 달려가는 것"(49절)을 의미한다. 이를 위해 특별히 강조되는 것은 '들음'과 '마음의 개방'이다. 베네딕도는 "오늘 그분의 목소리를 듣게 되면 너희는 마음을 완고하게 하지 마라"(시편 95,7-8)라는 시편 저자의 말을 인용하면서 마음을 열고 주님의 목소리를 들으라고 강조한다. 동시에 순종과 인내도 요구한다.

지금까지 본 바와 같이 베네딕도는 머리말에서 이미 우리 영적 여정의 기본구도를 제시한다. 그것은 바로 교만에 바탕을 둔 불순종으로 인해 하느님에게서 멀어진 인간이 그 대척점에 있는 겸손과 순종을 도구로 다시 그분께 되돌아가는 것이다. 이 회귀回歸 여정을 위한 구체적인 길 하나가 제시되는데, 그것이 바로 수도생활이다. 이제 베네딕도는 『성규』 1장부터 본격적으로 수도생활을 위한 영적 기술을 다루어 나간다. 네 부류의 수도자를 다루는 1장 끝에서 다시 회수도생활로 좁혀 들어가다가, 2장부터는 본격적으로 회수도생활을 다루어 나간다.

2. 수도자의 네 부류(『성규』1장)

이 장에서 베네딕도는 네 부류의 수도자를 이야기한다. 첫 번째 부류는 '회수도자'coenobita다. 성인은 먼저 회수도자를 "규칙과 아빠스 아래 분투하며 수도원 안에 사는 자"(1,2)로 정의한다. 그리고 곧바로 독수도자로 건너간다. 잠깐 언급된 회수도자에 대한 정의는 매우 중요하다. 우리는 여기서 회수도생활의 세 가지 핵심 요소를 보게 된다. 그것은 바로 공동체, 규칙, 아빠스다. 이 세 요소 중 하나라도 빠지면 참된 회수도생활이라 할 수 없다.

우리는 그리스도를 중심으로 한데 모였다. 모이긴 했는데 그렇다면 어떻게 살 것인가 하는 삶의 지침이 필요하다. 그것이 바로 규칙이다. 공동체를 하느님 나라라는 정박지를 향해 항해하는 배에 비유해 볼 수 있다. 배가 항해하는 데 절대적으로 필요한 것이 항해 지도이며, 이 지도가 곧 규칙이다. 그런데 이 지도를 볼 수 있는 사람이 필요하다. 지도가 있어도 볼 수 없다면 무용지물일 뿐이다. 항해 지도를 보고 배를 목적지까지 안전하게 이끌고 가는 것이 키잡이, 곧 선장이다. 공동체의 선장은 아빠스다. 선장은 항해 지도에 따라 배를 항해해야 한다. 만일 자기 기분대로 배를 이끈다면 배는 엉뚱한 데로 가게 될 것이다. 따라서 선장은 항해 지도를 정확히 해석하여 배를 인도해야 한다. 마찬가지로 아빠스는 규칙에 따라 공동체를 그리스도께 이끌어야 한다. 이것이 회수도생활의 세 가지 핵심 요소인 공동체, 규칙, 아빠스의 관계다. 이 요소들은 회수도생활을 떠받쳐 주는 중심축과도 같다.

그다음으로는 '독수도자'anachoreta 혹은 '은세수도자'eremita가 있다. 이들은 혼자 사는 이들로서 공동체에서 오랫동안 수련을 마친 후 사막에 나가 악마와 홀로 투쟁할 수 있는 능력을 갖춘 이들이다(1,3-5). 객관적으로 볼 때 분명 독수도자가 회수도자보다 더 강하다. 일단 이것을 염두에 두어야 한다.

세 번째와 네 번째는 아주 부정적인 부류다. 세 번째 부류는 '사라바이타'sarabaita(1,6-9)인데, 이 말은 콥트어로 '공동체로부터 분리된 자'라는 뜻이다. 즉, 회수도생활의 둥치에서 떨어져 나간 자를 의미한다. 이들의 삶의 양식을 보면, 두세 명씩 함께 산다는 점에서 공동체는 있지만 이들에게는 규칙이 없다. 규칙이 있다면 각자의 욕망뿐이다. 이들에게는 회수도생활의 세 가지 핵심 요소 중 규칙과 아빠스(장상)가 없다. 그래서 베네딕도는 이들을 사악한 자들이라고 표현한다. 사라바이타는 변질된 회수도자라고 할 수 있다.

마지막 부류는 '기로바구스'girovagus라는 수도자다(1,10-11). 기로바구스란 말은 '원'圓 혹은 '회전'回轉을 뜻하는 그리스어 '귀로스'gyros와 '방랑하다', '배회하다'란 뜻을 지닌 라틴어 탈형동사 '바가리'vagari의 합성어로, 떠돌이 수도자 혹은 방랑 수도자를 지칭한다. 이들은 어느 한곳에 정주하지 않고 이 수도원 저 수도원을 떠돌아다닌다. 이들에게는 공동체도 없고 규칙도 없고 장상도 없다. 결국 사라바이타라는 자들보다 더 비참한 자들이다. 이들은 실제로 베네딕도 당시 엄청난 폐해를 일으켰다. 베네딕도는 이들에 대해 풍자적으로 길게 언급하는 『스승의 규칙』 *Regula Magistri*(이하 『스승』) 1장 13-74절을 두 개의 절(1,10-11)로 간단히 요약한다. 이야기할 가치도 없고 시간을 할애하기조차 아까운 자들이기에 그냥 넘어가는 것이다. 기로바구스는 왜곡된 독수도자와도 같다. 수도자들의 이 네 부류는 우리 자신을 돌아보는 데도 도움이 된다.

베네딕도는 기로바구스를 간단히 언급한 후 다시 회수도자들로 돌아간다. "그러므로 이들은 제쳐 두고 주님의 도우심으로 가장 강한 부류인 회수도승들을 위한 규칙을 제정해 나가도록 하자"(1,13). 여기서 회수도자를 '가장 강한'fortissimum이라는 최상급으로 표현하는 점이 흥미롭다. 앞부분에서는 독수도자가 회수도자보다 더 강한 수도자로 그려지는 반면에, 이 장 끝에 와서는 회수도자가 가장 강한 부류의 수도자로 표현된다. 이에 대한 해석은 일치하지 않는다. 어떤 사람은 이 표현을 근거로 베네딕도가 회수도자를 가장 강한 수도자로 보았다고 주장한다. 반면 아달베르 드 보귀에 신부P. Adalbert de Vogüé 같은 경우는 앞에 나오는 독수도자에 무게를 둔다. 즉, 수도원에서 오랜 단련을 마쳐 혼자 설 수 있다는 표현에 강조점을 둔다. 그러므로 분명 회수도생활보다는 독수도생활이 더 강하며, 우리가 지향해 나가야 하는 이상이라고 주장한다.

하지만 베네딕도가 앞부분에서 말한 것은 회수도생활에서 독수도생활로 나아가는 것을 이상으로 삼았던 고대 이집트 사막 수도 전통에 따른 견해다. 수도원은 독수도생활로 나아갈 준비를 하는 일종의 학교라는 것이다. 베네딕도 역시 이 사막 수도 전통 위에 서 있음이 분명하다. 하지만 성인의 초점은 회수도생활에 있다. 그는 회수도자들을 위해 규칙을 저술했기 때문이다. 그가 회수도자에게 '가장 강한'이라는 표현을 사용한 이유는 무엇인가?

필자의 견해로는, 개별적으로 비교할 때 독수도자가 강한 것은 분명하다. 우리가 함께 모여 사는 것은 우리가 약하기 때문이다. 강하다면 함께 살 필요가 없을 것이다. 회수도자는 개인적으로는 약하다. 하지만 약한 사람들이 함께 모여 공동체를 이루어 서로서로 부족을 메워 줄 때 가장 강해질 수 있다. 그래서 회수도생활이건 독수도생활이건 다 장단점을 가지고 있다. 부정적 기능과 긍정적 기능을 모두 가지고 있는 것이다. 독수도생활을 잘못하면 이상하게 나아갈 수 있다. 특히 바실리우스 성인 같은 경우 독수도생활에 대해 매우 부정적인 견해를 가지고 있었다. 이는 그가 이집트를 방문했을 때 독수도자들에게서 부정적 경험을 했기 때문이다. 그래서 그는 공동생활을 강조한다. 실제로 독수도자들은 자기 자신의 결점을 볼 기회도, 애덕을 실천할 기회도 많지 않기에 자칫 잘못하면 괴팍해질 수 있다.

사막 전통에서는 우리 상식을 뛰어넘는 경우가 많다. 예컨대, 우리는 사교적인 사람에게는 공동생활이 어울리고 비사교적인 사람은 독수도생활이 어울린다고 생각한다. 하지만 교부들의 생각은 정반대다. 사교적인 사람에게는 고독과 침묵이 부족하기에 독수도생활을, 고독을 좋아하는 사람에게는 반대로 공동생활을 권고한다. 부족한 부분을 채워야 한다는 것이다. 여기서 수도원은 치유하는 학교라는 생각이 생겨난다. 수도원은 또 영혼의 질병을 치유하는 병원이라는 개념도 등장한다.

아무튼 회수도생활과 독수도생활 중 어느 것이 더 나은 삶인지 우열을 따질 수는 없다. 각각의 부르심에 따라 다른 것이다. 공동생활을 하면서 독수도생활을 그리워할 수 있고, 그 반대의 경우도 있을 수 있다. 하지만 중요한 것은 내가 부르심을 받은 자리다. 거기에 최선을 다해야 한다. 우리 교회 안에는 함께 사는 은수자들이 있는데, 대표적인 것이 카말돌리회나 카르투시오회다. 이들은 수도원 울타리 안의 자기 암자에서 제각각 생활한다. 어떤 사람들 눈에는 이렇게 사는 것이 무슨 의미와 가치가 있는지 잘 이해되지 않을 수 있다. 하지만 교회는 그리스도의 신비체이고 우리는 그 지체들이다. 지체들은 각각 역할이 다르다. 우리는 이런 식으로 이해해야 할 것이다. 어떤 지체가 되느냐는 각자 부르심에 따라 달라진다. 그러니 무엇을 동경하거나 폄하할 이유가 없다. 중요한 것은 내가 어떤 부르심을 받았는가 하는 것이다. 각자 자신의 부르심에 감사하고 최선을 다하는 자세가 중요하다.

이상으로 우리는 『성규』 머리말과 1장을 살펴보았다. 결론적으로 베네딕도 성인이 제시하는 수도생활의 목표는 하느님께 되돌아가는 것(머리말 2)이고, 수도생활의 목적은 하느님 찾음(58,7)이며, 이 목표에 도달하기 위한 수단은 순종이라는 것이다. 우리는 이제 순종과 그것에 연결되는 덕들을 하나하나 구체적으로 살펴볼 것이다.

제2장 순종

베네딕도는 순종을 우리 구원 여정에서 우리를 다시 하느님께 돌아가게 해 주는 유일무이한 수단으로 제시한다. 순종은 수도 전통에서 매우 강조되어 왔다. 이런 말이 있다. "순종은 순종으로 보답한다. 어떤 이가 하느님께 순종할 때 하느님께서도 그에게 순종하신다"(『교부들의 금언』 미오스 1). 순종과 관련된 유명한 일화가 있다.

실바누스 압바에게는 스케티스에 순종의 덕에서 뛰어난 마르쿠스라는 제자가 있었다. 그는 필사가였는데 원로는 그의 순종 때문에 그를 사랑하였다. 실바누스 압바에게는 열한 명의 다른 제자도 있었는데, 그들은 사부가 자기들보다 마르쿠스를 더 사랑하였기에 마음이 상했다. 인근 원로들이 실바누스가 다른 이들보다 마르쿠스를 더 사랑한다는 말을 듣고 실망했다. 어느 날 그들이 실바누스 압바를 방문하여 그를 책망했다. 그러자 실바누스는 그들을 데리고 나가 제자들의 각 방문을 두드리며 "형제여, 나오시오. 할 일이 있소"라고 말했다. 하지만 제자들 중 누구도 곧장 밖으로 나오지 않았다. 그런 다음에 그는 마르쿠스의 독방으로 가 "마르쿠스!" 하고 부르면서 문을 두드렸다. 마르쿠스는 원로의 목소리를 듣자마자 밖으로 나왔고, 원로는 그에게 심부름을 보냈다. 실바누스 압바가 다른 원로들에게 물었다. "다른 형제들은 어디 있소?" 그리고 마르쿠스의 독방으로 들어가서 그가 쓰고 있던 책을 보았다. 그는 알파벳 오메가Ω 자를 써넣던 중이었는데, 그가 원로의 목소리를 들었을 때는 아직 오메가Ω 자를 완성하지 못한 상태였다. 다른 원로들이 말하였다. "압바, 저희도 당신이 사랑하는 사람을 참으로 사랑하오. 하느님께서도 그를 사랑하시기 때문이지요."(『교부들의 금언』 마르쿠스 1)

이 일화는 극단적인 예이지만 사막에서 순종이 얼마나 강조되었는지를 잘 보여 준다. 사막에서 양성은 스승과 제자의 수직적 관계에서 이루어졌다. 스승은 가르치고 명령하는 사람이고, 제자는 듣고 그 들은 바를 실천하는 사람이다. 제자에게는 스승에 대한 절대적 신뢰와 철저한 순종이 요구되었고, 스승에게는 생각들을 분별할 줄 아는 식별력이 요구되었다. 이 일화는 이런 맥락에서 나왔다. 다소 맹목적으로 보이는 이러한 순종은, 스승은 그리스도를 대리한다는 깊은 신앙에서 나온 것이다. 세속적 관점에서는 도저히 이해되지 않는 이런 행위는 바로 신앙에서 비롯되었다.

『성규』에는 순종과 관련된 세 개의 대표적 장이 있는데, 5장과 68장, 71장이다. 5장에서는 순종의 일반적 가르침, 즉 전통적 순종 개념인 장상에 대한 순종을 이야기하고, 71장에서는 순종이 수평적으로 퍼져 나가는데, 곧 형제 상호 간의 순종이 언급된다. 68장에서는 불가능한 명령을 받은 경우의 순종이 제시되는데, 이는 가장 힘든 극단의 순종이라 할 수 있다. 이 세 장을 중심으로 베네딕도가 가르치는 순종의 핵심 개념을 살펴보자.

1. 장상에 대한 순종_(『성규』 5장)

『성규』 5장과 병행되는 『스승』의 장은 7장인데, 베네딕도는 『스승』의 많은 부분을 삭제해 버렸다. 삭제하고 남은 부분도 자신의 어조로 바꾼다. 삭제한 부분은 이런 내용이다. 『스승』에서는 완전한 제자와 불완전한 제자를 구분하고 전자에게는 즉각적인 순종을 요구하는 반면, 후자에게는 다소 지체하는 것을 허락한다. 또한 최후 심판 때 재판정에서 해명해야 하는 사람은 명령한 사람이고, 명령받은 사람은 책임이 없다는 것이 『스승』의 견해다.

여기서 맹목적인 순종이 나온다. 어찌 보면 이러한 순종이 더 편할 수 있다. 책임은 명령한 사람이 지니, 그저 시키는 대로만 하면 되기 때문이다. 이 같은 극단적 형태는 제2차 세계대전 당시 나치의 경우에서 볼 수 있다. 하지만 상명하복을 엄수해야 하는 군인이라는 이유로 양심을 거스른 반인륜적 행위를 서슴없이 자행하고도 과연 책임이 없다고 할 수 있겠는가?

우리에게는 하느님이 주신 마지막 기준이 있으니, 곧 양심이다. 이에 대해 『성규』 68장에서 언급된다. 베네딕도는 어떤 명령을 받을 경우 일단 받아들이고, 양심상 정 아니다 싶을 때는 겸손하게 그 이유를 말하라고 열어 두고 있다. 어린아이와 같은 유치한 따름을 원하지 않는다는 의도에서다. 그는 좀 더 성숙하고 인격적이고 자발적인 응답을 바란다. 그래서 『성규』 5장 1절에서 겸손의 첫째 단계는 '지체 없는 순종'sine mora이라는 표현을 사용하고 있다.

즉각적 순종은 두려움에서 나오는 것이 아니며 맹목적 순종과도 근본적으로 다르다. 베네딕도는 2절에서 "이것은 그리스도를 가장 소중히 여기는 사람들에게서 자연적으로 나온다"고 말한다. 이처럼 즉각적 순종은 그리스도론적 동기에 바탕을 두고 있다. 베네딕도는 『스승』 7장에서 맹목적 순종과 관련된 많은 부분을 삭제하고, 전인적이고 자발적이며 인격적인 순종을 요구한다. 이렇게 되지 않을 때 그 순종은 별 가치가 없다는 것이 베네딕도의 생각이다.

5장 2-10절에서는 순종의 여러 동기가 제시된다. 무엇보다 그리스도께 대한 사랑이 첫 번째 동기다(2절). 이는 "참된 왕이신 주 그리스도를 위해 싸우고자 가장 강하고 훌륭한 순종의 무기를 잡는다"는 머리말 3절을 연상시킨다. 그다음에는 우리가 서약한 거룩한 섬김, 지옥에 대한 두려움, 영원한 생명에 대한 갈망(3절) 등이 나온다. 그러나 가장 중요한 것은 그리스도께 대한 사랑이다. 그리스도를 사랑하는 사람만이 이러한 참된 순종을 할 수 있다는 것이다.

그리고 14-19절에서는 순종의 내용이 언급되는데, 여기서는 다소 사회적인 측면이 나타난다. 즉, 순종은 함께 사는 공동생활에도 영향을 미칠 수 있다. 만일 누가 기쁜 마음으로 명령받은 바를 실행할 때, 분명 공동체 다른 형제들에게도 큰 귀감이 되고, 결국 하느님께도 받아들여져 은총을 얻게 될 것이다. 베네딕도 성인은 불평이나 불만 없이 자발적으로 기쁘게 순종할 때 비로소 "하느님에게 받아들여지고 사람들에게 감미로울 것"(14절)이라고 말한다. 또 "장상들에게 드러내는 순종은 하느님에게 바치는 것"(15절)이라고 말한다.

실제로 순종이란 인간적 차원에서는 결코 실천하기 쉽지 않은 덕이다. 그래서 항상 순종의 마지막은 신앙의 차원으로 들어간다. 마지못해서 장상의 명령에 따른다고 한다면 과연 무슨 의미가 있겠는가? 이것은 참된 순종이라 할 수 없을 것이다. 중요한 것은 우리의 내적 자세다. 베네딕도 성인이 여기서 더 강조하는 것이 바로 이 내적 자세다. 그리스도께 대한 사랑 때문에 신앙으로 행하는 순종인 것이다.

『성규』 5장에서는 전통적 순종 개념, 즉 수직적 순종에 대해 이야기한다. 장상에 대한 순종은 사실 장상이 아니라 그를 통해서 당신 뜻을 밝혀 주시는 그리스도께 혹은 하느님께 대한 순종이라는 것이다. 이것은 우리에게 익숙한 개념이므로 그리 낯설지는 않다. 단지 우리가 여기서 되새겨야 할 점은 순종의 토대다. 순종은 한 인간에게 하는 것이 아니라 그리스도께 하는 것이라는 점이다.

이것은 신앙이다. 우리는 그리스도의 제자로서 그분을 본받는 사람이다. 따라서 예수님이 성부께 순종하셨듯이 우리도 그것을 본받는 것이다. 그러므로 우리가 하는 순종은 '그리스도께 대한 순종'이자 '그리스도처럼 하는 순종'이다. 이것이 순종의 토대다. 이처럼 모든 것을 그리스도론적 동기로 제시하는 점이 『성규』의 특징 중 하나다.

2. 형제 상호 간의 순종(『성규』 71장)

수평적 차원의 순종, 즉 형제 상호 간의 순종을 이야기하는 장이다. 『스승』에서도 상호 순종을 말하지만 베네딕도만큼 강조하지는 않는다. 베네딕도는 말한다. "모든 이는 순종의 미덕을 아빠스에게 드러낼 뿐만 아니라 형제들끼리도 서로 순종해야 한다"(71,1). 이것을 어떻게 이해해야 하는가? 어떻게 서로 순종할 수 있겠는가? 특히 동기나 후배에게 어떻게 순종할 수 있단 말인가?

상호 순종 역시 그리스도론적 동기에서 그 해답을 찾을 수 있다. 그리스도께서 내 안에 현존하시듯 다른 사람 안에도 현존하신다는 것을 믿고 받아들이는 것이다. 우리는 이 상호 순종을 순종의 개념에서 풀어 이해할 수 있다. 앞서 우리는 순종이 들음과 응답으로 되어 있음을 보았다. 상호 순종이란 모든 이의 말을 경청하는 자세라 할 수 있다. 또 제대로 경청하기 위해 전제되는 것이 침묵이다. 침묵의 반대는 수다다.

모든 죄는 입에서 나온다고 한다. 따라서 사람들에 대한 인내, 좋은 말, 마음의 개방, 애덕의 실천 등이 곧 하느님이나 그리스도께 순종하는 것이라 할 수 있다.

베네딕도는 "들어라, 아들아, 스승의 계명을 경청하라"(머리말 1)고 한다. 스승의 계명이란 하느님 말씀을 뜻하며 그 핵심에는 사랑이 있다. 사랑은 신·구약 성경 전체를 통틀어서 요약될 수 있는 핵심어다. 성인의 가르침은 사랑을 실천하는 삶으로 나아가라는 것이고, 이것이 순종의 삶이라는 것이다. 결국 순종이란 사랑을 실천하는 것이다. 사랑을 실천하는 삶이 바로 순종의 삶이라 하겠다. 이 삶을 통해 우리는 하느님께 되돌아가게 된다. 즉, 영원한 생명으로 나아가게 되는 것이다.

상호 순종 역시 마찬가지다. 이런 그리스도론적 동기에서 상호 순종이 구체적으로 어떻게 우리 일상에서 표현될지 적용해 볼 수 있다. 이 장에서 베네딕도는 서로 순종하는 것은 좋지만 자칫 무질서로 흐를 수 있다는 점을 예견한다. 그래서 순서를 제시한다. 일차적으로는 아빠스와 그로부터 위임된 원장의 공적 명령이 우선되고, 그다음은 서열 순서대로 우선순위를 정한다.

이 장의 후반부로 가면 다소 이해하기 힘든 부분이 나온다. 후배는 선배의 질책을 겸손하게 받아들여야 함을 상기시키는 부분이다(6절). 또한 자기로 인해 선배가 화가 나 있거나 불편해하거든 그의 마음을 풀어야 한다고 말한다(7-8절). 베네딕도는 이렇게 하지 않을 경우 체벌하고, 그래도 고쳐지지 않을 경우에는 수도원에서 쫓아내라고까지 말한다(9절). 이것은 수도원 사제와 원장에 대한 규정을 상기시킨다(참조: 62,10; 65,21).

언뜻 보면 이 규정은 비인간적이고 과도해 보일 수 있다. 하지만 자세히 들여다보면 이해할 만하고 타당하다는 것을 알게 된다. 우리는 『성규』에서 모든 형제의 일치와 조화를 매우 강조하고 있음을 본다. 공동체 안에서 경쟁과 다툼과 오해가 일어나는 것은 지극히 인간적이다. 그러나 형제들 간에 불목이 지속되는 것은 결코 허락되어서는 안 된다. 베네딕도는 자기 공동체 안에 분노나 미움이 지속되는 것에 결코 관대하지 않다. 형제와 다툰 후 평화와 화목을 도모하려고 노력하지 않는 수도자는 공동체 구성원이 되기에 합당하지 않다. 그런 사람은 수도원을 떠나는 편이 더 낫다. 베네딕도에게 있어 형제적 친교는 절대적 가치를 지닌다. 바로 이런 차원에서 이 규정을 이해할 수 있을 것이다.

그래도 의문이 남는다. 왜 후배에게만 그것을 요구하는 가 하는 점이다. 정확한 이유는 알 수 없다. 단지 여기서 베네딕도의 초점은 공동체의 평화였음이 드러난다. 그리 고 비록 우리 시대에는 어색해 보일지라도 고대에는 이것 이 전혀 어색하지 않았다는 것이다. 여기서 우리가 그 정 신을 뽑아낼 수 있으니, 곧 선배든 후배든 서로 인격적으 로 대해야 한다는 점이다.

3. 불가능한 명령을 받은 경우의 순종(『성규』 68장)

『성규』 68장은 더욱 이해하기 어렵다. 장상에게서 불가 능한 명령을 받았을 경우인데, 이는 아주 극단적인 예다. 진정 신앙의 차원에서만 행할 수 있는 성숙한 순종이다. 사실 장상에게서 받은 명령이 내가 좋아하거나 원하는 것 이라면 순종이 그리 어렵지 않을 것이다. 하지만 내 뜻과 반대되거나 내 능력을 벗어난다고 여겨지는 명령을 받았 을 때는 결코 쉽지 않다. 여기서 우리 신앙이 검증된다.

베네딕도는 세 단계를 제시한다. 첫 단계는 일단 그 명 령을 받아들이는 것이다(1절). 한번 시도해 보는 것이다.

두 번째 단계는, 시도해 본 결과 자기 능력을 뛰어넘는다고 판단될 경우 그 어려움의 이유를 겸손하게 장상께 말씀드리도록 가능성을 열어 두고 있다(2절). 이는 상당히 획기적인 것이다. 수도 전통 안에서 제자는 스승의 명령에 무조건 따라야 하는데, 베네딕도는 다른 예외적인 가능성을 열어 둔다. 그는 최종 판단을 개인의 양심에 맡긴다. 하지만 장상에게 말씀을 드리는 데 있어 두 가지 조건을 제시한다. 먼저 "인내심을 가지고 적절한 때"(2절)를 선택하는 것으로, 이는 현실을 반영한 지혜로운 가르침이다. 때를 잘못 선택하면 서로에게 상처만 될 수 있기 때문이다. 실제 우리 삶에서 종종 있을 수 있는 일이다. 그리고 교만이나 반항 혹은 거부하는 태도로 그렇게 해서는 안 된다고 말한다(3절).

세 번째 단계는, 그럼에도 불구하고 장상이 명령을 고집할 경우다. 그럴 경우 받아들이라고 한다. 나는 이해되지 않지만 분명 나의 선을 위한 것이기 때문에 신앙으로 받아들이라는 것이다(5절). 이것은 영웅적 순종이다.

그러므로 『성규』에서 나타나는 순종은 금욕적 수행이라기보다는 오히려 그리스도에 대한 모방이다. 순종은 그리스도론적 동기를 지니고 있다. 순종의 이 마지막 지점에서는 하느님의 도우심에 대한 믿음과 사랑이 없다면 도저히 실행이 불가능하다. 『성규』 68장은 순종에 대한 가르침의 절정이라 할 수 있다. 한스 우르스 폰 발타사르는 이렇게 말한다. "오로지 그리스도의 모범만이 놀랄 만한 『성규』 68장을 정당화한다."[1] 이 모범은 겟세마니의 그리스도다. 예수님은 아버지께 "아버지, 하실 수만 있으시면 이 잔이 저를 비켜 가게 해 주십시오"(마태 26,39ㄱ)라고 솔직하게 인간적으로 말씀드린다. 그러나 마지막에는 "그러나 제가 원하는 대로 하지 마시고 아버지께서 원하시는 대로 하십시오"(마태 26,39ㄴ)라고 하신다.

『성규』 68장은 바로 이것을 말하는 것이다. 우리가 이 세 번째 단계에서 장상의 명을 겸손하게 받아들인다면 우리는 겟세마니의 그리스도를 본받는 것이다. 즉, 죽기까지 순종하신 그리스도의 모범을 따르는 것이다. 그러므로 우리의 모든 관심이나 판단의 마지막 척도는 그리스도다. 『성규』뿐 아니라 우리 삶이 왜 그리스도 중심이며 또 그

---

[1] Von Balthasar H.U., "Les thèmes johanniques dans la Règle de St. Benoît et leur actualité", in *CC* 37 (1975) 6.

래야만 하는가? 이유는 결국 복음에 있다. 우리는 복음의 가르침을 따르는 사람들이다. 규칙도 복음의 가르침을 구체적으로 적용한 것이다. 그리하여 모든 것이 복음으로 모이고 복음의 핵심인 그리스도로 모이는 것이다.

지금까지 『성규』 5장과 71장, 68장을 통해서 베네딕도가 가르치는 순종에 대해서 살펴보았다. 이것을 그림으로 정리해 볼 수 있겠다.

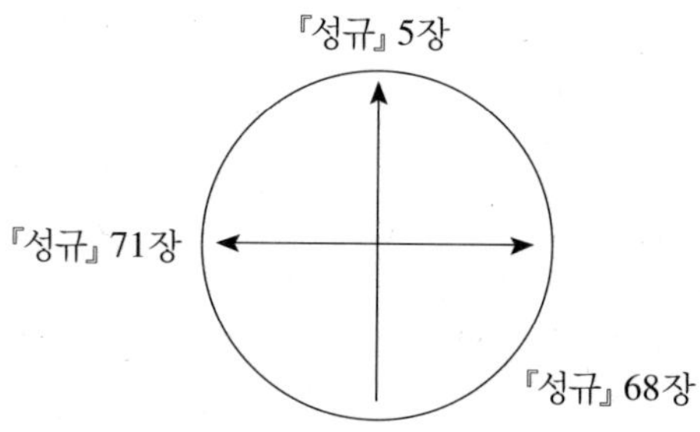

그림에서 보는 바와 같이 『성규』 5장은 순종의 전통적 개념, 즉 수직적 차원의 순종에 대한 것이다. 반면 71장은 수평적 차원의 상호 순종을 다룬다. 68장은 하나의 원이라 할 수 있는데, 이는 순종의 가장 원숙한 상태다. 이것이 순종에 대한 『성규』의 요약이라 하겠다.

제3장 들음 – 침묵 – 실천

앞서 보았듯이 순종은 들음과 응답으로 되어 있다. 침묵은 잘 듣기 위한 전제이다. 이와 관련된 『성규』 3장(들음), 6장(침묵), 4장(실천)을 살펴보자.

1. 형제들의 의견을 들음(『성규』 3장)

『성규』 3장은 순종과 관련한 들음을 다룬다. 아빠스가 형제들 의견을 듣는 것에 관한 내용이다. 사실 이 장은 아빠스에 대해 언급하는 『스승』 2장 끝 부분에 나오는 내용으로, 아빠스에 대한 장이라 할 수 있다. 베네딕도는 이 부분을 떼어 내어 하나의 장으로 다루는데, 여기서 들음의 중요성에 대한 강조가 드러난다. 머리말에서 이미 우리는 베네딕도가 들음을 얼마나 중요시하는지 살펴보았다.

『스승』과 비교해 볼 때,『스승』의 경우는 공동체 회의가 하나밖에 없지만,『성규』는 장로회와 참사회라는 두 개의 공동체 회의를 이야기한다. 또『스승』에서는 장상이 공동체의 의견을 들을 때 물질적 사안에만 한정되는 반면, 베네딕도는 이런 구분 없이 물질적 사안이건 영적 사안이건 모든 중요한 일을 다룰 때 형제들 의견을 들으라고 한다. 공동체에 중요한 일이 있을 때는 전체 공동체를 소집하고, 덜 중요한 일일 경우는 장로회만 소집한다.

여기서 우리는 베네딕도의 가르침을 되새길 필요가 있다. 즉, 전 공동체와 관련된 중요한 일일수록 더 많은 사람의 의견을 경청하라는 것이다. 참으로 상식적인 생각이다. 중요한 일을 몇 사람 의견만 듣고 결정하다가는 일을 그르칠 수 있다. 그러나 다수의 관점에서 본다면 그 판단과 결정은 보다 더 완전할 수 있다. 물론 이것은 오늘날 현실적으로 그렇게 쉬운 일은 아니다. 당시 베네딕도회 공동체는 20~25명 정도의 규모로 추정되기에 그것이 가능했을 수도 있다. 하지만 오늘날 몇백 명으로 이루어진 베네딕도회 공동체에서 전 공동체를 소집한다는 것은 결코 쉬운 일이 아니다. 그래서 보통 장로나 대의원들을 선출해서 그들이 공동체의 중요한 결정을 내리게 한다.

여기서 중요한 것은 그 정신이다. 공동체의 중요한 안건을 처리해야 할 경우 가능하면 여러 의견을 수렴하는 것이 바람직하다는 것이다. 공동체 대의원들은 자기 개인 의견만 전달하는 것이 아니라 형제들 의견을 잘 경청하여 수렴하는 역할을 해야 한다. 이것이 잘 안 될 때 공동체는 일체감과 책임 의식을 느끼지 못하게 된다. 『성규』 3장에서 베네딕도가 강조하는 내용도 바로 아빠스가 공동체의 의견을 잘 수렴하라는 것이다.

이 장에서 또 주목할 점은, 아빠스는 심지어 어린 사람들의 의견까지도 경청하라(3절)는 권고다. 이는 상당히 획기적인 견해다. 어린 사람은 인격적으로 제대로 대접받지 못했던 고대에 이런 생각을 가졌던 것을 보면 베네딕도는 정말 열려 있고 시대를 앞서 간 분이었음이 분명하다.

"모든 이는 모든 일에 있어 규칙을 스승처럼 따를 것이다"(7절)라는 구절도 나오는데, 여기서 '모든 이'omnes란 표현이 중요하다. 여기에는 장상도 포함된다. 회수도생활의 세 중심축 중 하나인 규칙은 아빠스를 포함한 우리 모두를 위한 삶의 지침이다. 그러나 최종 결정권은 아빠스에게 부여된다(5절). 베네딕도는 아빠스에게 권한을 주지만 동시에 책임을 강하게 인식시킨다(11절). 베네딕도는 장상에게 요구되는 중요한 자질로 '분별력'discretio과 '지혜'를 말한다. 아빠스는 분별력과 지혜로 여러 형제의 의견을 듣고 거기서 가장 합리적인 판단과 결정을 내려야 한다.

2. 침묵(『성규』 6장)

잘 듣기 위해 필요한 것이 침묵이다. 침묵에 대해 이야기하는 『성규』 6장은 베네딕도가 『스승』에서 가장 많은 부분을 삭제한 대표적인 장이다. 일반적으로 『성규』는 분량 면에서 『스승』의 1/3 정도로 축소되었는데, 『성규』 6장은 침묵에 대해 다루는 『스승』 8-9장과 비교하면 1/10로 축소되었다.

여덟 개의 절로 이루어진 이 장을 읽다 보면 다소 숨이 막힐 수 있다. 베네딕도는 이렇게 말한다. "침묵의 중대

성 때문에 아무리 좋고 거룩하고 교훈적인 주제에 관한 것이라 하더라도, 완전한 제자들에게도 말하는 것을 드물게 허락할 것이다"(3절). 또 "점잖지 못한 농담이나 쓸데없는 말, 웃음을 자아내는 말은 어느 곳에서나 절대로 금하고 단죄하며, 이런 담화를 위해 제자가 입을 여는 것을 허락하지 말 것이다"(8절).

이런 공동체는 무척 삭막하게 느껴지기까지 한다. 어떻게 웃지 않고 살 수 있는가? 이 말을 액면 그대로 받아들이다 보면, 우리는 고대 수도자들은 전혀 웃지도 않고 말도 하지 않고 지냈다는 인상을 받게 된다. 그래서 규칙에 충실하고자 하는 수도자는 늘 시무룩하고 화난 듯이 지나치게 엄숙한 모습을 해야 한다고 생각할 수도 있다. 하지만 이것은 분명 아니다.

고대 수도자들은 대화를 금지하지 않았다. 요한 카시아누스는 애덕이 요구할 때 말을 하지 않는 경우를 '몹쓸 침묵'이라고 표현한다(『담화집』 18,16 참조). 실제로 말을 해야 할 때 하지 않는 것은 또 다른 공격 수단이 될 수 있다.

침묵이란 말을 하지 않는 것이 아니라 '말을 해야 할 때와 하지 말아야 할 때를 아는 것'(코헬 3,7 참조)이다. 이것이 침묵의 참된 의미라 하겠다.

침묵은 그 자체로 어떤 가치를 지니기보다는 들음과 연결된다. 침묵이란 단순히 말을 하지 않는 것이 아니다. 침묵은 공격적인 말이나 무익한 말과 대비된다. 그리고 가장 중요한 것은, 침묵은 듣기 위한 것이라는 점이다. 내면에서 들려오는 소리, 하느님 말씀을 듣기 위함이다. 따라서 외적 침묵 자체는 그렇게 중요하지 않다. 중요한 것은 내적 침묵, 마음의 침묵이다. 이 침묵 안에서만 우리는 내면에서 들려오는 하느님 음성을 들을 수 있게 될 것이다.

누가 아무리 외적 침묵을 잘 지킨다 하더라도 마음속으로는 엄청나게 많은 말을 할 수 있다. 형제들에 대한 비판이나 불평불만으로 마음이 평화롭지 못할 수 있는 것이다. 따라서 참된 침묵이란 하느님 사랑으로 그분의 평화 속에 머무는 것이라 할 수 있다. 분별 없는 마음 상태, 온전히 비어 있으면서도 사랑으로 충만한 공空 혹은 무無의 상태에 이르러야 한다. 침묵은 사랑과 애덕의 모습을 띠어야 한다. 침묵은 또 하느님 말씀을 경청하기 위하여 잠시 다른 사람들과 대화를 멈추는 것이다. 그러므로 침묵은 애덕과 들음, 경청과 연결된다.

3. 선행의 도구(『성규』 4장)

선행의 도구들을 열거하는 『성규』 4장은 78개의 절로 이루어지며, 이 장에 모든 덕이 다 집약되어 있다. 여기서 제시되는 도구들을 부지런히 실천한다면 우리는 완덕의 정상에 오를 것이다.

이 장에서 수도생활의 영적 토대가 되는 중요 주제가 언급된다. 가자의 도로테우스는, 집을 지을 때 벽 한두 개로 집을 완성할 수 없는 것처럼 몇 가지 덕만으로는 완덕에 나아갈 수 없기에 우리는 모든 덕으로 나아가야 한다고 말한다. 이와 관련한 상징적 개념은 '지혜로운 꿀벌'이다. 이것은 『안토니우스의 생애』에 나오는 중요한 개념으로, 아타나시우스는 안토니우스에 대해 이렇게 증언한다.

> 열정으로 가득한 어떤 사람에 대해서 듣자마자 그는 지혜로운 꿀벌처럼(칠십인역 시편 6,8 참조) 그를 찾아갔습니다. 안토니우스는 그를 보고 덕의 길을 가기 위한 일종의 양식을 얻기 전에는 자기 집에 돌아오지 않았습니다(『안토니우스의 생애』 3,4).

꿀벌이 다양한 꽃에서 꿀을 채취하는 것처럼 우리도 어느 한 사람에게서 완전한 덕을 발견할 수는 없다. 따라서 여러 사람에게서 덕을 배울 필요가 있다는 것이다. 사람마다 나름대로 출중한 덕이 있다. 그러니 모든 사람은 우리의 스승이 될 수 있다. 이런 관점에서 바라볼 때, 우리 앞에 새로운 차원이 전개될 것이다. 다른 사람들에게는 나에게 없는 나름의 고귀한 선물이 있다는 것을 믿고 그들을 대할 때 우리는 사람들에게 덜 걸려 넘어질 것이다. 긍정적이든 부정적이든 모든 것은 다 반면교사다. 이성으로 이해되지 않는 일도 우리가 이런 관점에서 사물을 바라볼 때 달리 보이게 될 것이다.

하느님의 동선과 우리의 동선이 항상 맞아떨어지지는 않는다. 대개는 엇박자다. 하느님이 이끄시는 길과 우리가 가고자 하는 길이 일치하지 않을 때 우리는 어려움을 느끼게 된다. 하지만 분명한 것은 하느님은 결국 우리를 당신 선으로 이끄신다는 것이다. 이것이 우리의 믿음이다. 부모는 자식이 잘못되는 것을 바라지 않는다. 자식의 선을 바란다. 그래서 부모는 때때로 자식이 원하는 것을 주지 않고 입에는 쓰지만 몸에는 좋은 것을 준다. 우리가 십자가를 보약으로 생각할 때 그것을 기쁘게 질 수 있다. 이런 믿음이 있을 때 우리 눈에는 부정적으로 보이는 일이나 이해되지 않는 일을 다른 차원으로 받아들일 수 있게 된다. 이 신앙의 차원을 망각하면, 두 동선이 어긋날 때 우리는 단지 인간적인 눈으로만 보고 판단하게 된다.

다시 4장으로 돌아가자. 4장의 구조는 매우 단순하다. 크게 세 부분으로 나눌 수 있다. 1-74절까지 74개의 도구가 나오고, 75-77절에서는 하느님의 보상에 대한 예고가 나오며, 78절에서는 이 모든 도구를 사용할 작업장으로서의 수도원이 나온다. 여기서 눈여겨볼 절이 몇 개 있다.

1-2절에서는 복음의 이중 계명을 말한다. 사랑이 모든 것의 출발점이자 종착점이다. 우리는 바로 사랑의 삶으로 부르심을 받았다. 8절을 보면 "모든 사람을 공경하라"고 한다. 『스승』 병행 절에는 "네 부모를 공경하라"(3,8)고 되어 있다. 베네딕도는 여기서 '부모'를 '모든 사람'으로 바꾸었다. 이것은 보편적 사랑에 대한 강조를 뜻한다.

44-47절에는 사말四末에 대한 이야기가 나온다. 죽음(47절), 심판(44절), 지옥(45절), 천국(46절)이 나오는데, 이 같은 마지막 실재들에 대한 묵상은 우리가 늘 깨어 있도록 도

와준다. 특히 죽음에 대한 묵상은 수도 전통 안에서 아주 중요한 수행이었다. 그래서 베네딕도도 "매일 죽음이 눈앞에 있음을 명심하라"(4,47)고 한다. 오늘을 내 인생의 마지막 날이라고 생각할 때 과연 우리가 삶을 대하는 모습은 어떠할까? 분명 지금과는 다를 것이다.

시한부 인생을 생각해 보자. 시한부 인생과 우리 인생의 차이점이 무엇인가? 죽는 날을 아느냐, 모르느냐 하는 것이다. 그러므로 늘 죽음을 생각하는 것은 우리 삶의 자세를 달라지게 한다. 죽는 순간을 아는 것과 모르는 것에는 엄청난 차이가 있다. 교부들은 죽음에 대한 묵상을 통해 늘 깨어 있고자 노력했고, 그것을 수도자의 고질병 중 하나인 '아케디아'*akedia*의 악령, 즉 영적 무기력 혹은 영적 태만을 물리치는 치료법으로 제시한다(참조: 『프락티코스』 29; 『안토니우스의 생애』 19). 특히 에바그리우스는 "수도승은 마치 내일 죽을 것처럼 늘 준비되어 있어야 한다"(『프락티코스』 29)고 말한다. 죽음에 대한 묵상은 그리스도교 전통에서 중요한 수행 중 하나였다.

4장 전체의 핵심이라 할 수 있는 가장 중요한 절은 "하느님 자비에 대해 결코 실망하지 말라"는 74절이다. 베네딕도는 이 구절을 선행의 마지막 도구로 제시한다. 하느님 자비에 대한 희망을 말하는 이 절은 4장 전체의 절정과도 같다. 베네딕도는 『스승』에 비해 하느님 자비를 상당히 강조한다. 실제로 우리 영적 여정은 우리 힘으로가 아니라 하느님 자비로 나아가는 것이다. 하느님 자비가 없다면 우리는 이 여정을 제대로 마칠 수 없을 것이다. 우리가 제 힘으로 이 여정을 걷는 것이 아니라 그리스도께서 우리와 함께 여정을 이끌어 가신다는 점을 항상 염두에 두어야 한다.

우리는 살아가면서 쉽게 넘어질 수 있고 좌절을 체험할 수 있다. 그러나 중요한 것은 그 어떤 상황에서도 포기하지 않는 것이다. 넘어지면 일어나는 과정을 통해 자신도 모르는 사이에 우리는 서서히 하느님께 나아가게 될 것이다. 우리 구원은 하느님과 인간의 공동 협력*synergia*으로 이루어지는데, 그 주도권은 바로 하느님의 은총에 있다. 우리 쪽에서 해야 할 일은 이 은총이 우리 안에서 열매를 맺을 수 있도록 먼저 우리 마음을 정화하는 것이다. 거짓 자아*false self*에서 자유로워지는 것이다. 그때 하느님의 은총이 우리 안에서 열매를 맺게 될 것이다.

제4장 겸손

겸손은 순종의 토대다. 『성규』 7장은 바로 이 겸손에 대해서 이야기한다. 겸손과 관련하여 다음과 같은 교부들의 일화가 있다.

어느 날 압바 마카리우스가 종려나무 잎을 모아 들고 습지에서 자기 독방으로 돌아가고 있었다. 그때 악마가 낫으로 그를 공격하려다가 뜻을 이루지 못하자 이렇게 소리쳤다. "마카리우스, 네가 가하는 큰 폭력 때문에 나는 고통을 당하고 있다. 너를 공격하고 싶지만 뜻대로 되지 않기 때문이다. 하지만 나는 네가 행하는 모든 것과 그보다 더한 것을 할 수 있다. 너는 지금도, 또 앞으로도 단식하겠지만, 나는 원기를 회복하는 데 어떤 음식도 필요가 없다. 너는 애써 자주 철야를 하지만, 나는 절대 잠들지 않는다. 하지만 오직 한 가지에서만은 네가 나보다 더 훌륭함을 인정한다." 마카리우스가 물었다. "그것이 무엇인데?" 그러자 악마는 대답했다. "내가 너를 이길 수 없는 이유는 오로지 너의 겸손 때문이다."(『교부들의 금언』 마카리우스 11)

교만은 악령들이 공격해 들어오는 우리의 빈틈과도 같다. 우리 안에 허영심이나 교만이 있을 때 그들은 쉽게 우리를 공격한다. 악마의 공격과 관련해서 이런 이야기가 있다. 악마는 아무나 공격하지 않는다는 것이다. 악마의 공격을 심하게 받는다는 것은 그 사람이 하느님께 앞서 나아갔다는 것을 반증한다. 하느님께 나아가려 하면 할수록 악마의 공격은 더 맹렬해진다. 악마가 붙을 필요가 없는 사람이 있으니, 무감각하게 살아가는 바로 우리들이다.

악마들도 항상 깨어서 우리를 살핀다. 그들 역시 늘 긴장 상태에 있다. 어느 책에서 읽은 내용인데, 악마들이 무

장을 해제하고 마음 편히 저녁 식사를 하러 가는 때가 있
다고 한다. 그것은 바로 두세 사람이 모여서 남의 말을 하
는 때란다. 남의 말을 하는 사람들 자체가 악마와 다를 바
없기 때문이다. 이것이 소위 '악마들의 저녁 식사'라는 것
이다.

겸손은 악마가 두려워하는 덕행이다. 그리고 우리를 하
느님께 되돌아가게 해 주는 순종의 바탕과도 같다. 온갖
덕에 나아간 사람을 한순간에 곤두박질치게 하는 것이 바
로 교만이다. 그래서 교부들은 날마다 초심자의 자세로
하루를 시작하려 노력했다.

주님을 섬기는 학교인 수도생활은 졸업이 없다. 우리
모두가 다 신입생이다. 그 이유는 교만의 유혹에서 자유
로워지기 위함이다. 교만에 반대되는 덕이 바로 겸손으
로, 겸손은 모든 덕의 대장이라고 일컬어진다. 우리에 앞
서 하느님을 향해 나아갔던 수도자들이 왜 겸손을 이토록
중요하게 생각했는지 알 수 있다. 겸손은 수도차의 덕으
로 불려 왔으며, 그리스도교 영성에서도 겸손은 항상 중
요한 자리를 차지해 왔다. 겸손을 덕들의 절정, 덕들의 꽃
이라고 말하기도 한다.

7세기 시리아의 수도승 이사악은 '겸손은 하느님의 옷'이라고까지 하였다. 그러면서 겸손은 하느님과 자기 자신에 대한 인식에서 생겨난다고 가르친다. 우리가 하느님의 엄위하심과 우리 자신의 실상을 제대로 인식하고 있다면 겸손해질 수밖에 없다. 이러한 인식은 더 이상 남을 쉽게 판단하고 단죄할 수 없게 한다. 하느님과 자기 자신에 대한 그릇된 인식에서 교만이 생겨나고, 교만에서 남에 대한 단죄가 생겨난다. 이런 의미에서 겸손은 일차적으로 자신에 대한 솔직한 인정과 받아들임에서 시작된다고 볼 수 있다. 다시 말해 스스로를 불완전한 인간이자 죄인으로 의식하고 하느님의 자비에 희망을 두는 것이다. 따라서 겸손은 비굴함이나 굴종, 또는 타성에 젖은 자기 비하와는 근본적으로 다르다.

베네딕도는 수도 전통 위에 굳게 서 있다. 따라서 그 역시 겸손을 강조한다. 하지만 베네딕도에게 겸손은 금욕적 수행이라기보다는 오히려 그리스도에 대한 모방이다. 그는 겸손에 그리스도론적 동기를 부여하고 있다. 『성규』에는 베네딕도 영성의 핵심이라 할 수 있는 두 개의 장이 있는데, 7장과 72장이 그것이다. 과거에는 베네딕도 영성을 이야기할 때 주로 7장에 초점을 맞추었다면, 오늘날에는 72장에 좀 더 무게를 둔다. 7장을 베네딕도 영성의 토대라고 한다면, 72장은 베네딕도 영성의 절정이라 할 수 있다. 또 전자는 개인 수덕적 차원인 반면 후자는 수평적 차원이라 하겠다. 이제『성규』7장을 좀 더 살펴보자.

베네딕도는 겸손을 사다리에 비유하며 그 단계를 12개로 제시한다. 사다리는 교부들이 우리 영적 등정을 설명하기 위해 즐겨 사용한 이미지다. 이 12단계는 단지 겸손에 대한 것만이 아니라 우리 영적 여정 전체를 종합하는 것이라 할 수 있다. 이 단계를 하나하나 밟고 올라가면 마지막에는 그리스도께 대한 사랑에 도달하고, 도달한 후에는 저절로 나아가게 된다.

67-68절에 이런 표현이 나온다. "그러므로 겸손의 이 모든 단계를 올랐을 때 수도승은 '두려움을 몰아내는 하느님에 대한 그 완전한 사랑'에 속히 도달하게 될 것이다. 이 사랑에 힘입어 그가 전에는 두려움을 가지고 지키던 모든 것을 이제는 마치 자연스러운 듯 습관적으로 노력 없이 지키게 될 것이다". 이제는 사랑 때문에 어떤 노력 없이도 습관적으로 저절로 굴러가는 것이다.

이것이 바로 덕의 상태다. 덕virtus은 '능력'이란 뜻인데, 선을 행하는 능력과도 같다. 덕스러운 상태란 바로 이 능력이 몸에 밴 상태다. 그래서 덕을 좋은 습관이라고도 한다. 반면 나쁜 습관, 즉 악습도 있다. 우리가 덕스러운 상태에 이르면 더 이상 힘들이지 않고 존재 자체가 덕스러워진다.

베네딕도는 겸손의 사다리 12단계를 말하면서 그 첫 단계를 '하느님께 대한 두려움'timor Dei으로 제시한다. 이 사다리의 여정은 하느님께 대한 두려움에서 시작하여 마침내 '하느님께 대한 사랑'amor Dei으로 나아가는 것이다. 우리 영적 여정은 하느님께 대한 두려움 혹은 경외심에서 시작하여, 땀을 흘리면서 점차 사랑으로 나아가면 갈수록 더 이상 땀을 흘리지 않고 저절로 굴러가게 된다.

수도생활은 하느님을 위해 무엇을 해 드린다거나 무엇을 얻기 위한 것이라기보다는 우리가 이미 받은 하느님의 은총이나 자비에 대한 감사의 응답으로 표현되어 나올 때 가장 이상적인 상태에 이른다. 이런 상태에서는 더 이상 삶이 남에 의해 수동적으로 끌려가지 않고, 자발적이고 능동적으로 나아가게 된다.

수도생활 안에서 희생과 봉사는 행복하고 아름다운 것이다. 나를 내어 준다는 것이 얼마나 행복한 일인가! 우리 안에 이런 희생과 봉사가 많이 있어야 한다. 세련된 희생, 세련된 사랑, 즉 드러나지 않는, 보이지 않는 선행과 같은 마음 씀씀이는 다 사랑의 구체적 표현이다. 이것은 누가 시켜서 할 수 있는 것이 아니다. 그 가치를 아는 사람만이 실천할 수 있다. 아무튼 겸손의 사다리의 전체 여정은 하느님께 대한 두려움에서 그분께 대한 사랑으로 나아가는 여정이라 할 수 있다.

겸손humilitas이란 말의 어원은 흙, 먼지를 뜻하는 라틴어 '후무스'humus에서 유래했다. 겸손은 흙, 먼지에서 비롯된 인간존재의 기원을 상기시켜 준다. 그럼으로써 우리 실상을 되돌아보게 해 준다. '나는 누구인가?' 즉, 하느님 앞에 선 우리 인간존재의 실상을 상기시켜 주는 것이다. 여기서 자아 인식이 비롯된다. 자아 인식은 자기 꼴forma을 파악하는 것으로, 겸손의 시작이다. 정확한 자기 인식과 더불어 겸손의 길로 나아가게 되는 것이다. 자기 인식이 제대로 안 될 때 교만해지는데, 교만은 하느님을 더 이상 필요로 하지 않는 것이다. 나는 부족한 게 없으니 다른 사람의 도움도 필요 없다는 자세다. 그러니 하느님을 찾을 리가 없다. "부자가 하느님 나라에 들어가는 것보다 낙타가 바늘구멍으로 빠져나가는 것이 더 쉽다"(마태 19,24)고 예수님께서 말씀하신 것도 바로 이런 이유 때문이다.

부자가 의지하는 것은 재산이지만 다른 집착도 있을 수 있다. 재산이든 명예든 권력이든 어떤 것에 대한 집착은 우리로 하여금 하느님께 의탁하지 못하게 한다. 그래서 모든 집착으로부터의 자유가 그렇듯 중요한 것이다. 궁극적으로는 '나'로부터의 자유로 나아가야 한다. 나ego, 거짓자아false self, 자기애philautia로부터 자유로워지지 않으면 도저히 이 여정을 제대로 갈 수 없다. 따라서 이 겸손이라는 것은 우리 자신의, 우리 인간존재의 실상을 정확히 돌아보게 해 준다. 그다음 우리는 시작하게 된다. 즉, 하느님을 향하게 되는 것이다.

1-9절은 이 장의 서언이라 할 수 있다. 여기서 베네딕도는 성경의 가르침을 바탕으로 겸손의 중요성을 강조하고(1-4절) 사다리를 세우는 취지를 설명한다(5-9절). 성인은 루카 복음서의 말씀을 인용하며 시작한다. "누구든지 자신을 높이는 이는 낮아지고 자신을 낮추는 이는 높아질

것이다"(루카 14,11). 모든 것은 예수님의 이 말씀에 바탕을 두고 있다. 이런 점에서 베네딕도는 매우 복음적이다. 예수님이 제시하는 사다리는 세상의 사다리와는 그 오름과 내림의 원리가 정반대다. 세상의 사다리는 위를 향해서 올라가려고만 한다. 반면 예수님의 사다리는 내려가라고 한다. 내려감으로써 올라가는 별난 사다리다.

10-30절은 겸손에 대한 첫 단계가 언급되는데, 이는 바로 하느님께 대한 두려움을 가지는 것이다. 이 두려움은 끊임없이 하느님 현존을 기억함으로써 가지게 된다고 한다. 실제로 하느님께서 나를 늘 지켜보신다는 의식이 있을 때 우리는 하느님께 대한 두려움을 가지게 된다는 것이다. 이 첫 단계는 나머지 모든 단계를 읽게 되는 토대와도 같다. 즉, 하느님 현존 의식이다. 성 바실리우스의 표현으로는 '하느님 기억'memoria Dei을 늘 간직함으로써 하느님 현존 안에 사는 것이다. 이것은 아주 중요한 수행이었다. 바실리우스는 하느님 기억을 매우 강조하는데, 이 개념은 바실리우스 영성의 핵심과도 같다.

하느님 현존을 의식하는 것은 초기 그리스도인의 이상, 즉 항상 기도하라는 바오로 사도의 권고(1테살 5,17 참조)와 예수님의 가르침(루카 21,36 참조)을 어떻게 실현할 수 있을 까 하는 고민에서 나왔다. 초기 그리스도인들의 화두는 이 끊임없는 기도라는 이상을 어떻게 실현할 수 있는가 하는 것이었다. 여기서 여러 방법이 고안되었다. 한쪽에 서는 너무 극단으로 치우쳐 일은 하지 않고 기도만 한다 고 해서 '메살리안'messalian이라고 불렸다. 또 다른 쪽에서 는 잠을 자지 않는 사람들이라는 뜻의 '아체미티'acemiti라 는 수도승들이 생겨났으니, 이 모두는 결국 끊임없는 기 도의 이상을 실현하는 과정의 결과였다.

4세기 이집트 사막에서는 멜레테 수행이라는 또 다른 방법이 생겨났다. 이 수행은 성경의 한 말씀이나 구절을 기억해 두었다가 하루 종일 되새김으로써 늘 하느님 현존 안에 머무르는 방법이었다. 이것이 오늘날 성독에서의 '메디타시오'meditatio다. 쉽게 말하면 '단음절 기도'*monoló-gistos*이고, 후대에 와서는 '화살기도'라고 불리는 것이다. 이런 방법을 통해 늘 하느님 현존 안에 머무르고 하느님 과의 대화를 이어 갔던 것이다.

31-33절은 겸손의 둘째 단계로, 하느님의 뜻이 이루어 지도록 내 뜻과 욕망을 포기하는 것이다. 여기서 그리스

도가 등장한다(32절). 그리스도가 우리의 모범이라는 것이
다. 베네딕도는 다음의 요한 복음서 말씀을 인용한다.
"나는 내 뜻이 아니라 나를 보내신 분의 뜻을 실천하려고
왔다"(요한 6,38).

하느님은 우리를 위한 당신의 계획을 가지고 계시다.
이 하느님의 뜻을 방해하는 것이 바로 우리 자신의 뜻과
욕망이다. 그래서 항상 하느님의 뜻과 내 뜻과의 싸움이
다. 내 뜻을 포기하는 자세가 바로 하느님의 계획과 그분
의 뜻이 내 안에서 이루어지게 하는 중요한 자세다. 하지
만 이것은 결코 쉽지 않은 일이다. 우리가 볼 때 자기 뜻
이 옳아 보일 수도 있다. 그런 내 뜻이 어느 순간 벽에 부
딪히게 될 때 과연 우리가 이것을 어떻게 바라보고 해석
하고 의미를 부여하느냐에 따라 많은 것이 좌우된다.

분명 인간적인 눈으로는 도저히 받아들이기 힘든 상황
이 있다. 예컨대, 우리가 무언가를 하느님께 열심히 청해
도 응답이 없거나 장애물이 나타날 때다. 이럴 때 우리는
어떻게 받아들여야 하는가?

이렇게 생각하면 쉽겠다. 하느님은 나의 아버지이시다.
그런데 부모는 자녀에게 좋은 것만 주려 하지, 결코 해로

운 것을 주지 않는다는 사실을 믿는 것이다. 자식이 부모에게 청하는 것이 항상 몸에 이로운 것만은 아니다. 따라서 지금 내 이성으로는 잘 이해되지 않더라도 하느님은 나를 당신 선으로 이끄신다는 사실을 믿는 것이 중요하다. 이러한 확신이 있을 때 우리는 어려운 상황이 닥쳐오더라도 의연히 받아들일 수 있게 된다.

모든 것에는 항상 '나'란 녀석이 자리 잡고 있다. 하느님과 그리스도가 아닌 나 자신의 에고가 삶의 중심에 있다. 근대 이전 그리스도인 삶과 신앙의 중심은 하느님, 그리스도였다. 그러다가 근대의 데카르트로부터 시작된 합리주의의 태동으로 철학적 자각이 시작되었다. 이제 점차 인간이 모든 것의 중심으로 자리 잡아 나가게 된다. 여기서 영적 주관주의를 특징으로 하는 '근대 신심'Devotio moderna이 생겨나게 되었고, 이제 모든 것이 자아 중심, 인간 중심으로 바뀌게 되었다.

그리스도교 영성은 자아 중심이 아니라 하느님 중심, 그리스도 중심의 영성이다. 이것을 착각하면 수도자, 성직자, 그리스도인으로 살아가면서도 항상 '나', '내 뜻'에 사로잡히게 된다. 여기에는 그리스도를 따르기 위한, 그분의 십자가의 길에 동참하기 위한 자기 포기, 희생, 인내 등이 자리할 공간이 없다. 대신 개인주의와 이기주의가 팽배하게 된다. 그러므로 '나', '자기애'로부터 자유로워질 때 우리는 참된 나를 찾게 된다. 손상된 우리 인간 본성을 회복하게 된다. 자기애에 사로잡혀 있는 한 우리는 사랑의 본질과 핵심을 파악하지도, 그리로 나아가지도 못하게 될 것이다.

영성생활은 결국 자기 자신과의 싸움이다. 이 싸움은 곧 거짓나와의 싸움이다. 거짓나에 사로잡혀 있는 한 우리는 욕정의 공격에 계속 넘어가고 말 것이다. 그래서 마음을 비운다, 도를 닦는다 하는 것은 결국 자기애와의 싸움, 자기애로부터 자유로워지는 싸움이다. 내가 없이 존재하는 나, 이는 곧 거짓나僞我가 없어질 때 참나眞我가 존재한다는 것이다. 이것이 예수님 가르침의 핵심인 무아無我다. 베네딕도 성인도 『성규』 4장에서 "그리스도를 따르기 위해 자신을 끊어 버려라"(4,10)라고 말한다. 자기(거짓나)를 버리지 않고는 그리스도를 따를 수 없다는 것이다. 나로부터 자유로워질수록 그리스도를 따르기가 더 수월해질 것이다.

34절은 겸손의 셋째 단계로, 장상의 명령에 순종하는 것이다. 여기서도 "죽음에 이르기까지 순종하신"(필리 2,8) 그리스도의 모범이 제시된다. '온갖 순종'omni oboedientia이란 표현에서 '온갖'은 베네딕도가 무언가를 강조하기 위해 즐겨 사용하는 표현이다. 베네딕도는 이 말로써 우리 혈관 전체로 스며드는 철저한 순종을 강조한다.

35-43절은 넷째 단계로서, 어렵고 비위에 거슬리는 것이라도 모든 것을 순종으로 받아들이는 것이다. 어찌 보면 겸손의 깊은 차원이라 할 수 있다. 이 지점은 십자가와 자기 비하kenosis의 길이 아니면 도저히 나아갈 수 없는 지점이다. 실제로 겸손이나 순종을 실천하면서 너무나 자주 불의나 반대, 모욕 같은 장애를 만나게 된다. 이런 난관 앞에서 우리가 취할 반응은 단지 묵묵히 참아 받는 것이라고 베네딕도는 말한다. 여기서 성인은 겸손과 연결된 인내를 크게 강조한다. 그 인내는 무저항이나 복종이 아니라 그리스도께서 하신 것처럼 행하는 것이다. 따라서 이러한 수행은 죽음을 훈련하는 도구가 될 수 있다.

44-48절에서 다루는 다섯째 단계는 자기 잘못에 대한 고백이다. 여기서 우리는 수도 영성에서 중요한 '엑사고

레우시스'*exagoreusis* 개념을 보게 된다. 이는 자기 생각을 드러내는 것으로, 초기 수도 영성의 핵심에 자리 잡고 있다. 한마디로 마음속 모든 생각을 자기 영적 사부에게 드러내는 수행이다. 제자가 마음속 모든 생각을 스승에게 드러내면 스승은 그 생각들을 식별*diakrisis*해 준다. 영들에 대한 식별을 뜻하는 '디아크리시스'*diakrisis*는 성령의 은사다. 여기서 요구되는 것은 마음속의 좋은 생각뿐 아니라 악한 생각 모두를 드러내는 것이다. 이것은 오늘날 우리가 얘기하는 개인 고백과 유사하나, 엄밀히 말하면 차이가 있다. '개인 고백'은 아일랜드 수도자들에 의해서 생겨나 성사적 차원으로 확장된 것으로, 원래는 영적 지도의 중요한 수단이었다. 어쩌면 예수회 '이냐시오 영신 수련'에서 사용하는 방법도 사막 전통의 한 적용이라 할 수 있을 것이다.

49-50절의 여섯째 단계는 겸손 실천에 따른 기쁨을 이야기하고 있다. 이것도 결코 쉽지 않은 일이다. 그러나 우리가 늘 하느님과 함께 머물 때, 자기 권리나 주장을 지키고자 방어하느라 힘을 소진하지 않게 된다. 우리가 에너지를 소진하는 많은 경우 중 하나가 자기 방어 때문일 수

있다. 그래서 다른 사람의 비판과 질책을 받아들이기를 어려워하는 것이다. 만일 우리가 스스로의 잘못, 부족함이나 무능력을 겸손하게 받아들인다면 남들의 질책 따위는 우리에게 큰 걸림돌이 되지 않고 오히려 사랑으로 더욱 나아가도록 도와주는 도구가 될 수 있다. 이 단계에 도달한 수도자는 자기에게 맡겨진 임무를 잘 완수했을 때 절대 교만하게 굴지 않는다. 자신의 성공으로 우쭐해하지 않고 낮추어짐으로 낙담하지도 않는다.

이 상태는 에바그리우스가 말하는 '아파테이아'*apatheia* 상태와도 같다. 그리스 말 '아파테이아'는 말 그대로 부정을 뜻하는 '아'*a*와 욕정을 뜻하는 '파토스'*pathos*의 합성어로, 내적 평정 상태 혹은 평정심의 상태를 뜻한다. 심하게 요동치는 마음을 수행을 통해 잔잔한 파도처럼 만드는 것이다. 오랜 수행을 통해 덕에 나아간 사람의 상태는 늘 한결같다. 이제 그는 그 어떤 욕정의 공격에도 동요하지 않고 평정심을 유지한다.

자랑하지 않는 사람은 가장 보잘것없는 것으로 만족하며, 바로 이 때문에 평화롭고 모두의 사랑을 받게 된다. 라틴어 표현에 '작은 것으로 만족하는'*parvo contentus*이라는 말이 있다. 수도자는 작은 것으로 만족하는 사람이다. 교부들의 일화를 보면, 수도자는 모든 필요를 최소화하는 사람으로 드러난다. 최소한의 것으로 살아가는 수도자의 모습은 현대의 소비사회에 신선한 충격으로 다가올 수 있다. 이것은 우리에게 중요한 수행이다. 필요를 최소한으로 줄여 나갈 때 우리는 남은 시간이나 에너지를 정작 필요한 한 가지에 집중할 수 있게 된다.

51-54절은 겸손의 일곱째 단계로, 자신의 부적격함에 대한 깊은 인식이다. 앞 단계와 더불어 이 단계는 완전한 내적 겸손 상태를 표시한다. 이런 인식의 뿌리는 필리피서 2장 6-11절이다. 이 단계는 가장 중요한 복음적 자세, 즉 세리의 자세다.

55절의 여덟째 단계는 개인의 독자성, 고유성에 대한 포기다. 우리의 내적 겸손은 이제 외적 행동 방식으로 실천되어야 함을 강조한다. 그럼으로써 일상을 성화해야 한다는 것이다. 여기서 베네딕도는 '수도원의 공동 규칙이나 장상들의 모범이 권고하는 것 외에는 아무것도 하지 않는 것'을 말하고 있다. 실제로 겸손한 사람만이 여러 사람이 함께 사는 공동체생활을 누릴 수 있다. 그리고 열심한 수도자만이 공동 규칙을 버거운 외적 율법으로 느끼는 대신 자유와 기쁨 안에서 그 규칙을 받아들이고 그에 따라 생활해 나갈 수 있다. 규칙은 우리를 얽매는 차꼬가 아니라 자유롭게 해 주는 수단이다. 이렇게 규칙을 이해하고 받아들이는 자세가 중요하다.

공동체생활을 하면서 우리를 가장 힘들게 하는 것 중 하나가 바로 나의 고유성, 개성, 독자성이다. 이런 것이 침해받는다고 느낄 때 우리는 매우 힘들어한다. 공동체생활이라는 것은 처음부터 이에 대한 포기가 어느 정도 전제된다. 이를 포기하지 않으면 함께 살기 힘들다. 공동체는 서로 간섭하지 않으며 그저 함께 밥 먹고 기거하는 단순한 기숙사가 아니다. 그리스도교 공동체생활에는 처음부터 나를 내어놓고 양보하는 것이 전제된다. 그렇지 않으면 지옥이 되고 말 것이다. 물론 이것은 개인의 고유성이나 독자성을 말살하는 것이 아니다. 개인의 고유성은 공동체성과 조화를 이루어 나갈 때 의미를 지닌다. 수도자는 공동체의 사람이다. 한 지체가 자기만 주장해서는 안 된다. 각 지체는 신비체 안에서 의미가 있는 것이다. 이것이 공동체다.

56-58절의 아홉째 단계는 혀에 대한 통제다. 베네딕도는 잠언을 인용하며 "너는 많은 말에서 죄를 피하지 못할 것이다"(잠언 10,19)라고 말한다. 또 "질문을 받지 않으면 말을 하지 말라"(56절)고 한다. 이것은 이미 고대 수도자들 사이에서 일반화된 규정이었다. 질문을 받기 전에 먼저 말하는 것은 수도 전통이 아니었다. 그런 행동은 내가 안다는 것을 드러내는 자기 과시가 될 수 있기 때문이다. 따라서 혀에 대한 통제는 수도자로서 아주 중요한 자세로 간주되어 왔다.

59절의 열째 단계는 웃음의 절제다. 이것도 힘든 일 중 하나다. 웃는 것 자체를 금지하는 것은 결코 아니다. 여기서 의도하는 것은 절제된 웃음이다. 절제되지 않은 웃음은 수도자의 웃음이라 할 수 없다. 집회서 저자는 "어리석은 자는 웃을 때 큰 소리를 내지만 영리한 사람은 조용히 웃음을 짓는다"(집회 21,20)고 말한다. 베네딕도 성인도 여기에 근거해서 말하고 있다. 웃음에는 절제가 필요하고 늘 진중한 모습과 태도를 유지할 필요가 있다. 그럼에도 분명한 것은 수도자는 절대 침울하거나 의기소침해서는 안 된다는 것이다. 우리 안에서 기쁨이 표현되어 나갈 때 우리를 보는 사람들이 '저 사람들은 왜 저렇게 기쁘고 즐거운가?' 하고 궁금해하게 된다. 이것이 복음을 따르는 공동체적 삶의 증거다. 공동체의 결속이나 삶의 모습은 아주 중요하다. 특히 베네딕도회 같은 경우 일차적으로 공동체생활의 증거가 중요하다. 공동체로서 우리는 그리스도의 빛을 세상에 드러내는 역할을 해야 한다.

60-61절은 겸손의 열한 번째 단계로 대화에서의 진지함에 대해 말한다. 베네딕도는 "말을 할 때 점잖고 웃음 없이, 겸손하고 진지하게, 간결하고 이치에 맞게"(60절) 하라고 권고한다. 여기에 너무 큰 소리로 말하지 말라고 덧붙인다. 베네딕도는 겸손이 특별히 혀를 통해서 표현된다는 것을 잘 이해하고 있었던 듯하다. 그래서 겸손의 사다리에서 침묵과 관련된 세 단계를 할애한다. 실제로 침묵은 언제나 내적 생활을 위해 필요한 것으로 간주되어 왔고, 수도자에게는 아주 근본적인 덕목이다. 침묵을 흔히 하느님의 영역이라 한다. 수도자는 하느님의 영역인 침묵에 사로잡힌 자다. 그는 경청하는 자이기에 항상 침묵 중에 있는 자다. 그러므로 침묵을 모르고 사랑하지 않는 수도자는 무언가 중요한 것이 결여되어 있는 셈이다.

62-64절의 열두 번째 단계에서는 겸손한 태도를 다룬다. 겸손의 정점에 도달한 수도자의 모습이다. 겸손을 얻게 되면 그것이 겉으로 드러나게 되고 몸 자체를 변형시킨다. 그리하여 복음서의 세리가 취했던 자세를 자연스레 따르게 되는 단계다. 이 단계에서는 우리 존재와 행위 사이에 어떤 모순도 이중성도 없다. 겸손은 우리의 태도나 행동으로 저절로 드러나게 된다. 이 단계에 도달한 수도자가 드러내는 겸손은 바로 그리스도의 또 다른 아이콘이 되고, 그럼으로써 그는 또 다른 그리스도의 모습을 보여 주게 된다.

겸손의 첫째 단계와 비교할 때 여기서 한 가지 흥미로운 점이 발견된다. 앞에서는 수도자에게 죄와 악습에서 자신을 지키도록 요구한다(12절). 반면 여기서는 매 순간 자기 죄에 대해 스스로 죄인으로 여기도록(64절) 요구하고 있다. 이것은 죄를 거스른 싸움이 우리를 죄에 더욱 민감하게 해 준다는 것을 말해 준다. 그래서 우리가 진보할수록 죄인이라는 의식도 더해 간다.

실제 우리 마음은 거울과도 같다. 이 거울을 맑게 닦으면 닦을수록 우리 모습이 더 적나라하게 드러나게 된다.

마음에 때가 끼어 있으면 우리 모습을 제대로 바라볼 수 없다. 그러므로 겸손해질수록 복음서의 세리처럼 하느님 앞에 죄인이라는 의식이 점점 깊어진다. 하느님을 알아갈수록, 그분 앞에 나아갈수록 우리 자신이 얼마나 부족한지 절감하게 된다. 그때에야 내가 하느님의 자비를 얼마나 많이 받았는지를 느끼는 것은 물론, 그분 도움 없이 나는 아무것도 아니라는 의식에 이르게 될 것이다.

65-67절은 이 장의 결론이라 할 수 있다. 이제는 하느님께 대한 사랑에 도달해서 저절로 굴러가는 상태로 나아왔다. 겸손은 사실 금욕적 수행이라기보다는 그리스도에 대한 모방이다. 이 겸손의 여정은 분명 우리 안에서 악습을 제거하고 덕을 심는 길이다. 사다리 끝에 도달한 수도자는 두려움을 몰아내는 사랑의 신비스러운 비밀을 깨닫게 된다. 이제 제2의 본성을 얻게 되고 그리스도께 대한 사랑 때문에 모든 것을 기쁘게 해 나가게 된다. 그야말로 완전한 자유에 도달하는 것이다.

결론적으로 이 모든 단계는 하느님 사랑에 도달하기 위한 과정이라 할 수 있다. 각 단계에서는 인간적 노력이 요구되지만, 이 모든 단계의 정상에서는 하느님께 대한 두려움에서 사랑으로의 변화가 이루어진다. 그리고 그때 인간적 노력이 요구되던 인위人爲에서 하느님 은총으로 움직이는 무위無爲로 나아가게 될 것이다. 겸손은 사실 인간 노력의 결과라기보다는 하느님 은총의 열매다.

이처럼 『성규』 7장에는 우리의 연약함 안에서 전개되는 하느님의 여정이라는 베네딕도의 개인적 체험이 담겨 있다. 즉, 하느님의 주도권이 강조된다. 하느님의 뜻이 우리 안에서 이루어지는 것이고, 우리 쪽에서는 그 뜻이 이루어지도록 마음을 비우는 것이다. 이는 우리의 인간적 계획이나 뜻을 내려놓는 것을 뜻한다. 그때 비로소 하느님이 당신 성령을 통해서 우리 안에 당신 뜻을 이루어 나가실 것이다.

겸손은 우리 인간의 영적·인간적 성숙을 가늠하는 척도다. 이와 대척점에 있는 교만은 고질적 악습으로서, 교만한 사람이 드러내는 모습은 질병과도 같다. 교만이 드러내는 장애가 있다. 첫째는 청각 장애다. 교만은 남의 말을 듣지 못하게 한다. 자기 말만 늘어놓고 자기 찬양 일색이다. 모든 것이 일방통행이어서 참된 대화가 불가능하다. 자기 자신에게 집착하기 때문이다. 교만한 사람은 자기 안에 폐쇄되어 성장의 기회를 잃게 된다. 두 번째 장애는 시각 장애다. 교만은 자기 밖의 모든 사물을 있는 그대로 단순하고 순수하게 보지 못하게 한다. 그래서 늘 남의 잘못이나 결점만 눈에 들어오고, 그로 인해 선입견이나 편견, 고정관념 등이 생겨나게 된다. 끝으로 언어 장애가 있다. 교만은 남에 대한 칭찬에 인색하다. 그래서 늘 남의 약점이나 단점만을 이야기한다. 무례하고 거친 말투와 감정적 비방으로 타인에게 언어 폭력을 자행한다. 그런데 다른 사람을 향해 화살을 쏘면 나 자신도 과녁이 되어 도로 화살을 맞게 된다는 점을 명심해야 한다. 교만은 사실 우리 안에 있는 깊은 열등감의 발로다. 일종의 방어기제와도 같다. 교만한 사람의 인격은 천박하기 그지없다.

사람의 깊이와 됨됨이를 가늠하는 것이 바로 겸손이다. 필자가 여러 해 전에 몬테카시노 수도원을 방문한 적이 있다. 일주일간 피정을 했는데, 피정을 마치고 떠나는 날 아침 미사 후 제의방에서 제의를 갈아입고 신부님들과 인사를 마칠 무렵, 노인 신부님 한 분이 필자에게 다가오면서 악수를 청하며 작별 인사를 건넸다. 그때 그분이 하신 말씀이 마음 깊이 다가왔다.

"신부님, 이 죄인을 위해서 기도를 부탁합니다."

필자가 몸 둘 바를 몰라 "신부님, 무슨 말씀을 그리하십니까? 저를 위해서 기도해 주십시오" 하자 그분은 대답했다. "우리 노인들은 인생을 살아오면서 많은 죄를 지었기 때문에 기도가 더 필요합니다."

그 말을 듣는 순간 그분에게서 배어나는 겸손이 강하게 느껴졌다. 이런 겸손한 모습은 오랜 시간 하느님만을 바라보며 감추어진 삶을 살면서 몸에 밴, 깊은 신앙에서 나온 것이었다. 존재 자체에서 묻어나는 이 같은 겸손이야말로 우리에게 부족한 것이란 생각이 들었다. 이는 분명 수도자들이 드러내야 하는 모습일 것이다.

제5장 하느님과의 대화

베네딕도회 수도생활은 하느님의 일opus Dei, 성독lectio divina, 노동labor manuale으로 구성되어 있다. 베네딕도는 『성규』 8-20장에서 하느님의 일을 규정하고, 성독과 노동에 대해서는 『성규』 48장에서 이야기한다. 여기서는 주로 하느님의 일에 초점을 맞추어 살펴볼 것이다. 성독과 노동은 비교적 간단히 다루고 지나갈 것이다.

1. 하느님의 일(『성규』 8-20장)

『성규』 8-20장까지, 하느님의 일을 규정하는 이 부분은 전례 규정이라 할 수 있는데, 크게 두 부분(8-18장; 19-20장)으로 구분해 볼 수 있다. 『성규』 8-18장까지가 엄밀한 의미의 시간 전례 자체의 규정이라 할 수 있고, 19-20장에서는 기도의 자세에 대해 다루고 있다.

1) 개념

먼저 '하느님의 일'이 무엇인지 이에 대한 개념 정리가 필요하다. 원래 '하느님의 일'을 뜻하는 그리스 말 '에르곤 투 테우'*ergon tou theou*는 상당히 포괄적인 개념이었다. 하느님의 일은 단지 시간 전례만이 아니라 하느님께 봉헌된 사람이 하느님의 영광을 위해서 하는 모든 일을 의미했다. 이런 의미에서 수도생활 안에서 이루어지는 모든 것이 다 하느님의 일이다. 수도자가 행하는 하느님의 일 중 가장 중요하고 결정적인 순간이 있는데, 바로 시간 전례를 바치는 순간이다. 어쨌든 이 그리스 말이 서방 라틴 세계로 넘어오면서 라틴어 '오푸스 데이'opus Dei로 번역되고 시간 전례라는 좁은 의미로 정착되기 시작했다. 이 같은 배경하에서 베네딕도는 이 말을 사용했으며, 따라서 『성규』에서 '하느님의 일'은 공동 시간 전례를 뜻한다. 하지

만 이 개념을 공동 시간 전례에 한정해서 알아들을 필요
는 없다. 우리가 하는 모든 것이 다 하느님의 영광을 위해
서 하는 하느님의 일이라는 사실을 염두에 두어야 한다.

아무튼 수도자의 하루 일과 중 가장 중요한 순간은 성
당에 모여 함께 공동 시간 전례를 바치는 때다. 이제 좁은
의미의 하느님의 일에 대해 살펴보자.

2) 시간 전례 규정(『성규』 8-18장)

이 부분을 전체적으로 훑어본 뒤 대표적인 장인 8장과
9장을 살펴볼 것이다. 얼핏 보면 이 장들은 매우 건조해
보이고, 그냥 넘어가고 싶은 부분인 것도 사실이다. 하지
만 제대로 들여다보면 매우 중요한 점을 발견하게 된다.

전체를 개관해 보면, 먼저 시간 전례의 중요성에 대한
베네딕도의 강조가 나온다. 그 표지들은 이러하다. 먼저
시간 전례의 새로운 배치다. 『스승』과 비교할 때, 베네딕
도는 『스승』의 생활 규정 뒤에 있던 하느님의 일을 영성
부분 직후에 배치한다. 『스승』에 비해 시간 전례에 할애
하는 분량도 상대적으로 많다. 이런 것들이 하느님의 일
에 대한 베네딕도 성인의 강조를 뜻한다고 볼 수 있다.

베네딕도 전례 규정의 특성들을 정리해 보자. 베네딕도는 한편으로는 전통에 깊이 뿌리를 두고 있다. 시편의 중요성, 상징적 숫자(열두 편의 시편, 3이나 4라는 숫자) 등 전통적 요소들을 받아들인다. 동시에 새로운 요소들도 엿보인다. 즉, 시편을 선택하는 것이다. 『스승』에서는 시편을 1편부터 150편까지 순서대로 바친다. 반면 베네딕도는 각 시간경에 따라 시편들을 선택하여 배열한다. 그리고 전례에 상당한 다양성을 부여한다. 독서와 응송들 안에서의 다양성, 음악적 요소의 도입, 매 시간경을 기도로 맺음, 그리고 찬가들의 도입이 그 예다. 베네딕도의 목적은 전례가 형식화되지 않고 살아 있게 하려는 것이다. 여기서 우리는 베네딕도가 전례에 부여하고자 하는 다양성과 균형 감각을 엿보게 된다.

이 모든 것을 바탕으로 우리는 베네딕도 전례 규정의 특징을 다음 몇 가지로 요약해 볼 수 있다.

첫째, 명료성이다. 각 시간경의 순서와 방법, 시편 배열 등 구성을 매우 체계적이고 구체적으로 명료화했다. 베네딕도의 시편 배열과 각 시간경의 순서와 방법은 이후 서방교회 시간 전례 역사에서 아주 중요한 분기점이 된다.

둘째, 간결성이다. 당시 로마교회에서 사용하던 상당히 길고 복잡한 성무일도를 간결하게 단순화시켰다.

셋째, 자유로움이다. 베네딕도는 어떤 요소들을 부가함에서 상당히 자유롭다. 낮 시간경 도입부에 '하느님, 어서 저를 구하소서'Deus in adiutorium라는 계응송을 도입한 것이나, 아침기도와 저녁기도에 찬미가와 시적 요소들과 암브로시우스 찬미가, 또 '하느님, 우리는 당신을 찬미합니다' Te Deum laudamus, '당신께 찬미가 합당하나이다'Te decet laus를 도입한 것이 그러하다. 왜 이렇게 자유로운가? 살아 있는 전례를 위해서! 이것이 베네딕도의 목적이었다.

넷째, 유연성이다. 베네딕도는 시간 전례 거행에 상당히 유연하다. 『스승』은 절기에 따른 해의 길이나 상황에 상관없이 정해진 시간에 각 시간경을 정확히 바친다. 반면 『성규』는 절기나 상황을 고려하여 융통성 있게 바치게 한다. 그리고 『성규』 48장에서 보듯이 여름철에 심한 노동을 할 경우 소시간경들을 바치는 시간을 조절한다. 이런 융통성은 베네딕도의 인격적 특징이기도 하다.

그다음 베네딕도가 시간 전례에서 고수하는 세 가지 불변의 원칙이 있다.

첫 번째는 시편 150편을 한 주 동안 낭송하는 것이다. 베네딕도는 말한다. "한 주간에 상용常用 찬가들과 함께 시편 전체를 바치지 않는 수도승들은 그들의 섬김에 있어 지나친 태만함과 열성의 부족을 드러내는 것이다"(18,24).

그러면서 교부들의 예를 들어 이를 정당화한다. "우리의 거룩한 교부들은 하루에 부지런히 이것을 다 바쳤다고 한다. 그러니 게으른 우리는 한 주간에라도 그것을 완수할 수 있도록 노력하자"(18,25). 오늘날 이 원칙을 지키는 베네딕도 수도원은 거의 없다. 대개는 2주에 걸쳐 바치고 4주 동안 바치는 수도원들도 있다.

두 번째 원칙은 성경 말씀에 따른 일곱 번의 낮 시간경이다. 베네딕도는 "저는 낮에 일곱 번 당신을 찬미하나이다"(시편 119,164)라는 시편 저자의 말에 따라 낮 시간경의 수를 일곱으로 정했다. "만약 우리가 아침기도, 일시경, 삼시경, 육시경, 구시경, 저녁기도, 끝기도 때 우리 섬김의 의무를 이행한다면 우리는 이 거룩한 일곱이라는 숫자를 채우게 될 것이다"(16,2).

성인의 의도는 늘 성경이나 교부들의 전통으로 되돌아가려는 것이었다. 오늘날 일시경은 아침기도와 시간 차가

별로 없기 때문에 제2차 바티칸 공의회에서 폐지되었다. 일시경이 도입된 이유를 보면 흥미롭다. 요한 카시아누스의 증언에 의하면 아침기도와 삼시경 사이에 수도승들이 잠을 자러 가지 못하도록 일시경이 도입되었다고 한다(『제도서』 3,5,1-2 참조).

세 번째 불변의 원칙은 밤기도 시편 수를 열두 편으로 정한 것이다. 열둘이란 숫자의 기원은 다소 전설적인 고대 수도 전통에서 유래한다. 카시아누스에 의해 서방 수도자들에게 전해진 저 유명한 '천사의 규칙'Regula Angeli이 바로 그것인데, 카시아누스는 다음과 같이 전하고 있다.

> 그들이 밤기도를 하려고 준비하고 있을 때 그들 가운데서 누군가 주님께 시편을 노래하기 위해 일어났다. 이집트 전역의 관습대로 모두 한결같이 자리에 앉아 그가 노래하는 말마디에 마음을 완전히 집중하자, 그는 열한 개의 시편을 노래했다. 각 시편은 중간에 기도로 구분되었고, 모든 구절은 같은 어조의 목소리로 발음되었다. 응송으로서 알렐루야와 함께 열두 번째 시편을 마치고서 그는 갑자기 모두의 시야에서 사라졌다(『제도서』 2,5,4-5).

전설 같은 이야기지만 수도 전통에서 밤기도 시편 수를 열두 편으로 정한 것은 바로 여기서 비롯되었다.

이제 대표적인 두 장인 8장과 9장을 살펴보자. 두 장 모두 밤기도에 대해 다루는데, 여기서 우리는 몇 가지 말마디에 담겨 있는 의미를 살펴보아야 한다.

『성규』 8장

베네딕도는 해의 길이에 따라 계절을 여름철과 겨울철로 나누는데, 그 분기점은 파스카다. 베네딕도는 파스카의 중요성을 강조하면서, 여기서도 시간을 두 절기로 나누어 융통성 있게 적용한다(4절). 겨울철과 여름철은 밤기도와 아침기도 사이의 시간이 차이가 난다. 겨울철에는 시간이 길기 때문에 베네딕도는 이 시간에 시편을 공부할 사람을 배려한다(3절). 반면 여름철에는 시간이 짧기 때문에 생리적 필요를 위한 시간을 잠시 허락하라고 한다(4절). 여기서도 베네딕도의 인간적인 면모가 잘 드러난다.

베네딕도가 전례 규정을 밤기도부터 시작하는 이유는 밤기도의 중요성 때문이다. 수도 전통에서 밤은 흔히 악령들의 시간으로 간주되어 왔다. 수도자는 밤에 깨어 악령들로부터 세상을 지키는 파수꾼이다. 동시에 오시는 신랑을 맞이하기 위해 깨어 준비하는 동정녀다. 이런 이유 때문에 수도 전통에서 밤기도는 아주 중요한 위치를 차지해 왔다.

『성규』 8장에서 우리는 인간학적 표현을 보게 된다. 예컨대, '바람직하게 보인다'(1절), '한밤중이 조금 지나서까지 쉬고 완전히 소화가 된 다음에'(2절), '시편집이나 독서집에서 어떤 것을 배울 필요가 있는 형제들'(3절), '생리적 필요'(4절)와 같은 표현들이다. 여기서 우리는 베네딕도의 합리적이고 현실적이며 인간적인 측면을 엿볼 수 있다.

『성규』 9장

이 장에서는 밤기도 때 바칠 시편 수와 그 절차와 방법에 대해 다룬다. 여기서 주목할 점은 밤기도 시편 수를 열두 편으로 고정한 것이다. 그리고 밤기도를 다시 두 부분으로 나누어 각 부분에 여섯 개의 시편을 배열한 점이다. 베네딕도가 여러 요소를 새로 도입한 점도 주목해야 한다. 세 개의 독서와 세 개의 응송, 응송에 앞서 오는 계응송들이 그것이다.

도입 구절을 세 번 반복하도록 한 것은 성삼위를 강조하기 위함이다. 당시는 종교적으로 상당히 어려운 시기, 대립 교황이 생겨나고 아리우스 이단이 여전히 위세를 떨치던 시기였다. 예수의 신성을 부정한 아리우스 이단에 대한 반대로 베네딕도는 『성규』 전체에서 예수란 말을 한 번도 사용하지 않았다. 그러면서 되도록 성삼위의 한 위격으로서의 예수를 강조한다. 베네딕도는 여기서 3이란 숫자를 통해 성삼위를 강조하고자 한 것이다.

5절에서 '형제들'fratribus이란 복수 명사를 사용한 것은 베네딕도가 전례 봉사에 가능하면 여러 형제가 참여하기를 원했음을 보여 준다. 성인은, 전례는 지켜보는 것이 아니라 모두가 능동적으로 참여해서 하느님께 찬미를 드리는 것이라는 생각을 가지고 있었다. 그래서 가능하면 여러 형제가 참여하도록 유도하고 있다.

전례에는 변경 가능한 요소가 있는가 하면 변경할 수 없는 요소도 있다. 베네딕도의 전례 규정에서 우리는 이런 모습을 잘 볼 수 있으며, 따라서 전례 안에서 본질적이지 않은 부분은 융통성 있게 바꿀 수 있다. 그 목적은 좀 더 살아 있는 전례가 되게 하기 위함이다.

7절에서도 다시 '성삼위께'라는 말이 나오는데, 이것도 영광송이나 3이란 숫자의 경우처럼 정통 교리를 수호하려는 흔적들이다. "선창자가 영광송을 시작하면 모두 즉시 자기 자리에서 일어날 것이다"(7절). 왜 일어나는가? 성삼위께 대한 공경심에서다. 베네딕도회 전례에서 영광송 때 모두 자리에서 일어나는 관습은 바로 여기서 비롯된다. 9절의 '노래한다'는 말도 음악적 요소의 도입이다.

지금까지 전례 규정 제1부(8-18장)에 나타난 베네딕도 전례 규정의 주요 사항을 다음과 같이 정리해 볼 수 있겠다.

첫째, 독창성이다. 베네딕도는 전통을 토대로 하지만 그것에 매이지는 않는다. 그는 전례를 도와주는 여러 요소를 창의적으로 도입한다.

둘째, 가톨릭성이다. 성인은 가톨릭 신앙과 전통 위에 굳게 서 있다. 그래서 아리우스 이단에 대한 반대를 전례에서 드러낸다. 특히 예수라는 말을 의도적으로 사용하지 않는다.

셋째, 성경의 중요성이다. 하느님의 일의 중심에는 성경이 있고, 그중에서도 시편이 큰 비중을 차지한다. 하느님의 말씀을 경청하고, 경청한 말씀을 마음으로 묵상하고 하느님께 마음의 기도를 바치는 것이 바로 시간 전례의 핵심이라 할 수 있다. 오늘날 시간 전례에서는 묵상이나 기도라는 요소가 자취를 감추었다. 라틴 시간 전례에서 기도는 마침기도로 통합되어 버렸다.

원래 수도 전통에서 시편기도는 시편으로 바치는 기도였다. 시편을 바치는 것 자체가 기도가 아니라 기도를 도와주는 수단이었다. 성독을 생각하면 쉽게 이해될 것이다. 성독에서 되새김하기 위해서 영적 양식을 우리 입으로 가져오는 것이 독서다. 묵상은 우리가 경청한 하느님 말씀을 각자 침묵 중에 되새김하는 것이다. 그런 다음 마음의 기도를 바친다. 이것이 바로 시편기도다.

학자들 사이에서 시편을 노래하는 것이 기도인가 아닌가 하는 논란이 있었다. 보통 세 가지 견해가 있는데, 첫 번째 견해는 시편을 낭송하는 것 자체는 기도가 아니라는 것이다. 이것은 고대 이집트 수도 전통으로, 그 전통에서 시편은 기도를 도와주는 수단이었다. 이집트 북부의 스케티스*Sketis* 수도자들이 시편을 바친 방식은 이러했다. 밤기도 때 12개의 시편을 바치는데, 각 시편 후 침묵 시간이 있었고 그때 시편을 되새김하고 마음의 기도를 바쳤다.

아무튼 이집트 전통에 따라 베네딕도도 이것을 염두에 두었을 것이다.

두 번째 견해는 시편을 바치고 영광송을 바치는 것, 이것이 바로 기도라는 것이다. 끝으로 아달베르 드 보귀에 신부는 절충된 견해를 제시한다. 즉, 시편과 기도는 분리될 수 없지만 서로 다른 두 개의 행위라는 것이다. 시편을 바치는 것이 곧 기도는 아니지만 둘은 서로 분리되지 않는다는 주장이다.

어쨌든 시편을 바칠 때 각자 안에 내면화시키는 것이 중요하다. 우리가 바친 시편 구절을 일상으로 돌아와서 계속 되새김하고 하느님께 기도를 드리는 것이다. 이때 시편기도는 분명 도움이 될 것이다.

베네딕도 전례 규정의 네 번째 특징은 시간의 성화다. 파스카를 중심으로 전례력이 전개되면서 공동체에 대한 표현도 많이 나온다. 베네딕도는 모두가 능동적으로 전례에 참여하도록 신경을 많이 쓴다. 고정된 요소들과 다양성 간의 균형도 엿보이는데, 전례 안에서 이것을 제대로 구분하지 못하면 전례가 자칫 예식주의나 형식주의로 흐를 수 있다.

시간 전례를 모두 규정한 다음 베네딕도는 18장 끝에서 이렇게 말한다. "만일 누가 이 시편 배열을 마음에 들어 하지 않는다면 그가 더 낫다고 판단하는 대로 다르게 배열할 것이다. 다만 어떠한 경우든 매 주간 시편 150편 전체를 노래해야 하며, 주일 밤기도에는 항상 처음부터 다시 시작해야 한다는 사실에 주의해야 한다"(18,22-23). 여기서 우리는 바꿀 수 있는 요소와 그렇지 않은 요소가 동시에 제시되고 있음을 볼 수 있다. 이렇게 모든 가능성을 열어 두는 점에서 베네딕도는 매우 겸손하다.

3) 기도의 자세(『성규』 19-20장)

전례 규정 제2부라 할 수 있는 『성규』 19장과 20장에서는 기도의 자세에 대해 이야기한다. 『성규』 19장에서는 공동기도에 임하는 자세에 대한 일반 원칙을, 20장에서는 구체적 자세들을 언급한다. 우리 베네딕도 회원은 종종 '베네딕도회 기도 방법이 무엇입니까?'라는 질문을 받곤 하는데, 대답하기가 참 난감하다. 베네딕도는 기도 방법에 대해 특별히 언급하지 않았기 때문이다. 기껏해야 『성규』 19장과 20장에서 이야기하는 것이 전부다. 하지만 이 짧은 장들에 무궁무진한 내용이 담겨 있다.

베네딕도는 19장을 시작하면서 하나의 근본 원칙을 제시한다. 그 원칙은 "하느님이 어디에나 현존하시며 … 특히 우리가 공동기도에 참여할 때"(1-2절) 그렇다는 것이다. 나머지는 모두 이 원칙에서 나오는 결과들이라 할 수 있다. 이런 하느님 현존 의식이 있을 때 저절로 하느님 앞에서 우리의 자세가 나오게 된다. 권세 있는 사람 앞에서 취하는 자세를 생각할 때 하느님 앞에서 우리의 자세가 어떠해야 하는가를 알 수 있다. 수도원에 막 입회했을 때 성당에서의 자세와 수도생활을 해 나가면서의 자세를 비교해 보면 우리가 얼마나 많이 변했는지 알 수 있다. 베네딕도는 우리가 어떤 자세로 기도에 참여해야 하는가를 잘 설명한다.

이 장의 핵심은 7절이라 할 수 있다. 성인은 '우리 정신이 우리 목소리와 조화되도록'ut mens nostra concordet voci nostrae 시편을 바치라고 권고한다. 동방 영성에서는 기도의 세 단계를 이야기한다. 몸의 기도로 시작해서 정신 기도, 그리고 마음의 기도로 나아간다. 우리는 영혼과 육체로 창조된 존재이기에 우리 몸도 영혼의 성화와 기도에 참여한다. 몸의 기도의 단계는 구송기도라 할 수 있다. 다음 단계는 정신 기도다. 입으로 소리 내어 바치는 기도문의 의미를 정신으로 되새기지 않으면 우리는 단순히 앵무새에 지나지 않는 셈이 된다. 그러므로 몸의 기도가 정신 기도로 나아가 몸과 정신이 하나로 어우러져야 한다. 이것이 바로 7절에서 말하는 바다. 7절은 몸과 정신이 따로 노는 이중성을 좁히라는 권고다. 그리고 정신 기도는 그 다음 단계인 마음의 기도로 나아가야 한다. 정신에서 마음으로 내려오는 것이 바로 수도자들이 지향했던 마음의 기도다. 마음은 내적 궁방이다. 이 마음에서 우리는 하느님의 영을 만나게 된다.

『성규』 20장은 기도의 자세에 대한 보다 구체적인 지침이다. 여기서 기도에 대한 베네딕도의 가르침이 나온다. 첫째, "지극한 겸손과 순수한 신앙심"(2절)이다. 이것은 아주 중요한 가르침이다. 이런 겸손한 자세의 모범은 복음서의 세리다. 그런 다음 기도의 방법에 대해서 간략하지만 함축적으로 언급한다. 즉, 기도는 "짧고 순수해야"(4절) 한다는 것이다. 7세기 시나이의 교부 요한 클리마쿠스는 이렇게 말한다. "많은 말*polologhia*은 우리 정신을 흐트러

뜨리고, 짧은 말*monologhia*은 우리 정신을 모아 준다"(『천국
의 사다리』 28). 이와 관련해서 다음과 같은 일화가 있다.

> 사람들이 마카리우스 압바에게 물었다. "저희가 어떻
> 게 기도해야 합니까?" 그러자 원로가 대답하였다. "기
> 도할 때 많은 말을 할 필요가 없소. 자주 손을 펼치고
> 말씀드리시오. '주님, 당신께서 하시고자 하는 대로, 그
> 리고 당신께서 아시는 대로 저에게 자비를 베풀어 주십
> 시오.' 그러나 여러분의 영혼 안에서 전투가 벌어지고
> 있다면 덧붙여 말씀드리시오. '저를 도와주십시오.' 그
> 러면 우리에게 필요한 것이 무엇인지 알고 계시는 하느
> 님께서 우리에게 당신 자비를 보여 주실 것이오."(『교부
> 들의 금언』 마카리우스 19)

이것은 교부들의 공통된 생각이었다. 하느님은 귀가 먹지
도 않으셨고, 우리가 말하기도 전에 우리 마음속 생각을
아시는 분이다. 그러니 하느님 앞에서 많은 말을 할 필요
가 없다. 큰 소리를 낼 필요도 없다. 이것이 기도에 대한
교부들의 가르침이다. 또 '순수해야' 한다는 말은, 기도는

하느님과의 거래가 아니라는 뜻이다. 기도는 하느님의 말씀을 경청하는 것이다.

기도가 짧고 순수해야 하는 이유를 베네딕도는 이렇게 말한다. "많은 말로써가 아니라 순수한 마음과 통회의 눈물로써 우리의 간청이 받아들여지기"(3절) 때문이라는 것이다. 여기서 통회의 눈물은 그리스 말로 '펜토스'*penthos*라고 하는데, 요한 클리마쿠스는 이것을 '즐거운 탄식' 혹은 '기쁜 탄식'이라고 표현한다. 사막에서 눈물은 성령의 은사였다. 콘스탄티노플 궁정 관리였던 아르세니우스 교부는 어느 날 '떠나라, 침묵하라, 고요히 머물라!'는 내면의 소리를 듣고 이집트 사막으로 갔는데, 특별히 눈물의 은사를 받았다고 한다. 그는 수도자로 살면서 평생 자기 죄에 대해 눈물을 흘렸다고 전해진다. 심지어 눈물받이를 착용할 정도로 많은 양의 눈물을 흘렸다고 하니, 이것이 바로 영적 눈물인 펜토스다.

모든 슬픔이나 눈물은 우리가 갈망하는 무언가가 채워지지 않을 때 생긴다. 눈물에는 자연적 눈물과 영적 눈물이 있다. 전자는 사랑하는 사람과 이별했거나 내가 뜻하는 바를 얻지 못했을 때 흘리는 눈물로, 이 눈물은 우리를 좌절과 절망으로 이끌 수 있다. 반면 후자는 하느님께 나아가고자 하지만 우리의 죄와 악습으로 인해 그러지 못할 때 나오는 눈물이긴 하나, 여전히 하느님께 대한 희망을 잃지 않는다.

기도에 대한 베네딕도의 이 같은 권고들은 우리에게 중요한 교훈을 준다. 통회의 눈물과 순수한 마음으로 바치는 기도는 절대 바리사이의 기도처럼 요란스럽지 않다. 이 기도는 바로 복음서에 나오는 세리의 기도다. 복음서의 세리처럼 자기 죄에 대해 통회하며 겸손한 자세로 하느님께 청할 때 우리의 기도는 받아들여지게 될 것이다. 『성규』20장은 아마도 개인 기도의 경우를 이야기하는 것 같다. 우리가 바치는 공동기도 역시 일상으로 돌아와서 내면화되어야 하는데, 바로 이러한 경우를 말하는 듯하다. 하느님의 일을 마무리하기에 앞서 기도의 개념에 대해서 정리해 보자.

4) 기도의 개념

우리는 기도를 어떻게 정의하는가? 흔히들 기도는 '하느님과의 대화'라고 정의한다. 이 정의는 교부들에게서 나온 것으로, 특히 알렉산드리아의 클레멘스와 에바그리우스가 기도를 하느님과의 대화로 정의한 대표적 교부다. 많은 교부가 기도에 대해 정의를 내리고자 했다. 그래서 기도에 대한 매우 다양한 정의가 나왔고, 그중 일부가 부각되었는데, 가장 선호된 정의가 바로 '하느님과의 대화'였다. 이 정의가 담고 있는 내용은 상당히 풍부하다. 기도를 하느님과의 대화라고 할 때, 이는 하느님은 초월적인 분인 동시에 인격적인 분임을 전제하는 것이다. 대화는 인격과 인격 간에 이루어지는 것이며, 우리 그리스도교 하느님은 인격신이다.

이제 대화에 대한 올바른 이해가 필요하다. 대화가 무엇인가? 우리는 통상 대화를 '말을 주고받는 것'이라고 이해하는데, 그렇기 때문에 대화가 제대로 이루어지지 못한다. 우리의 관심과 초점이 말을 '주는' 데 있기 때문이다. 그래서 각자 자기 말을 하는 데는 익숙하지만 남의 말을 듣는 데는 서툴다. 자기 의견이나 생각, 관점을 상대에게 주입하거나 관철시키려고 노력하다 보니 남의 말을 제대로 듣지 못한다. 하느님과의 대화에서도 마찬가지다. 자기 말만 늘어놓고 하느님 말씀을 경청하려 하지 않는다.

그러다 보니 나를 위한 하느님의 계획이나 뜻을, 말씀을 통해서 파악하지 못하게 된다.

그래서 대화에 대한 올바른 이해가 필요하다. 참된 대화는 '말을 받고 주는 것'이다. 말을 받는다는 것은 들음, 곧 경청을 의미한다. 주는 것은 들은 말에 대한 '응답'과도 같다. 이처럼 대화는 '들음'과 '응답'으로 되어 있다. 우리가 상대의 말을 제대로 듣지 못하기 때문에 올바른 응답을 못하는 것이다. 하느님과의 대화인 기도 역시 들음과 응답으로 구성되어 있다. 그러므로 기도에서 중요한 것은 먼저 하느님 말씀을 경청하는 것이다. 그리고 들은 말씀에 응답하는 것이다. 우리의 응답은 들은 바를 일상에서 실천함으로써 완성된다.

이것은 우리가 앞서 본 순종의 구조와도 같다. 순종도 듣고 응답(실천)하는 것이다. 다 일맥상통한다. 기도란 것은 특별한 무엇이 아니다. 순종의 삶 역시 별것 아니다. 하느님 말씀을 끊임없이 듣고 응답하는 것이다. 이것이 대화다. 이 대화는 비단 정해진 기도 시간에만 이루어지는 것이 아니라 우리 일상을 통해서 줄곧 이어진다. 그리하여 모든 그리스도인의 이상인 끊임없는 기도가 가능해지는 것이다. 이처럼 기도를 대화로 이해하면 아주 단순해진다.

베네딕도회 삶 안에서 항상 기도하는 것, 즉 언제나 하느님과 대화하는 것이 어떻게 가능한가? 먼저 '하느님의 일' 안에서다. 공동 전례 기도는 공동으로 하느님과 대화하는 시간이다. 하느님의 일 밖에서는 개인적으로 대화가 이루어지는데, 이것이 『성규』 48장에 나오는 '성독'이다. 그리고 이 대화는 일상으로 들어오게 되는데, 곧 우리가 하는 '노동'을 통해서다.

결국 베네딕도회 삶을 구성하는 세 가지 요소 모두가 하느님과의 대화가 된다. 이 대화를 지속 가능하게 하려고 교부들이 즐겨 했던 수행이 바로 '멜레테'*meletê* 수행이다. 이는 성경의 한 구절이나 단어를 기억 속에 저장해 놓았다가 하루 종일 되새김하는 것이었다.

우리는 그날 복음이나 독서에서 하루를 살아가기 위한 영혼의 양식을 뽑아낼 수 있다. 그리고 그것을 가지고 하루의 양식으로 거듭 되새김하며 그 말씀 안에 머묾으로써 하느님과의 대화를 지속해 나갈 수 있는 것이다. 이것을 다음과 같이 정리해 볼 수 있겠다.

기도 = 하느님과의 대화

　　　↓→ 공동으로: 공동 전례 기도opus Dei

　　　개인으로: 성독lectio divina

　　　일상 안에서: 노동labor manuale ―

　　　기도의 연장延長

2. 성독과 노동(『성규』 48장)

48장은 『성규』에서 중요한 장 가운데 하나로, 여기서 처음이자 마지막으로 베네딕도회 삶을 구성하는 세 가지 요소, 즉 하느님의 일, 성독, 노동이 함께 언급된다. 베네딕도는 하느님의 일에 대해서는 앞에서 이미 말했기 때문에 여기서는 본격적으로 노동과 성독의 시간에 대해서 이야기한다. 『성규』 48장과 병행되는 『스승』 50장을 비교해 볼 때, 베네딕도는 여기서 성독과 노동의 조화와 균형에 신경을 쓴다. 그래서 성독과 노동 각각을 위한 고유 시간을 할애한다. 또 『스승』보다 더 성독을 강조하면서, 노동도 금욕적 목적만을 제시하는 『스승』과는 달리 노동의 다른 목적들도 제시한다. 그중 하나가 '필요성에 따른 노동'

으로, 이는 공동체 자립을 위한 실제적 목적이다. 또한 노동 중에 침묵이 강조되고 있으며, 『스승』의 경우 성독을 공동으로 행하는 데 반해, 『성규』48장에서는 개인적 차원으로 언급된다.

베네딕도의 관심은 이 두 요소 사이의 조화와 균형에 있다. 일과 시간에 대해서도 상당히 융통성을 보이는데, 사순 시기를 포함하여 세 개의 계절로 나누면서 계절에 따라 일과 시간을 융통성 있게 조정하고 변경한다. 이 장에서도 우리는 베네딕도가 인간학적·심리적 측면들을 배려하고 있음을 볼 수 있다.

이 장의 특징적 부분을 보면, 1절에서 "한가함은 영혼의 원수다"라고 말한다. 이것은 전통적 견해다. 수도 전통에 의하면 육체노동은 '정오의 악령'이라고도 하는 아케디아의 악령을 몰아내는 아주 중요한 수단으로 간주되었다. 아케디아는 영적 무기력, 영적 태만을 뜻하는데, 교부들은 이 악령이 찾아올 때 육체노동으로 그것을 몰아냈다. 1절은 바로 이런 노동의 금욕적 목적을 이야기한다.

그러나 『성규』48장에는 실제적 목적도 나타난다. 즉, 지역의 상황이나 가난으로 인해 수도자들이 들에 나가서 노동을 한다(7절). 여기서 우리는 일반적으로 수도자들은 특별한 경우 외에는 들 노동을 하지 않았음을 알 수 있다.

수도자의 일은 기도하는 것이었다. 땀을 많이 흘리는 육체노동은 묵상과 기도에 방해된다고 생각했다. 그래서 『스승』은 들 노동을 금지한다. 반면 베네딕도는 들 노동을 허용한다. 베네딕도 시대에는 공동체가 가난했기 때문이다. 따라서 베네딕도는 노동을 하게 되는 경우가 있더라도 상심하지 말라고 권고한다. 그러면서 "자기 손으로 일해서 살아갈 때 진정한 수도승이다"(8절)라는 교부들의 말씀을 근거로 삼고 있다. 또 연약한 이들을 고려하라고 한다(9절). 이 역시 약한 이들에 대한 베네딕도의 세심한 배려를 드러낸다. 베네딕도가 늘 노심초사하는 것 중 하나는 형제들이 근심하지 않을까 하는 것이다. 이런 배려는 수도원에서 중책을 맡은 사람들에 대해서도 드러난다. 병실 담당자(36장), 문지기(66장), 당가(31장)와 같은 형제들도 그러한 배려의 대상이다.[2]

성독에 대해서는 다른 여러 자료를 통해서 이미 많이

---

[2] 허성석 「수도승생활과 노동」 『코이노니아』 제36집 (2011) 64-84 참조.

알고 있으니,[3] 여기서는 몇 가지만 언급하고 지나가겠다. 성독은 들음과 응답으로 구성되어 있다. 우리는 12세기 카르투시오회 원장 귀고 2세의 구분에 따라 성독의 네 단계를 이야기하는데, 곧 독서, 묵상, 기도, 관상이다. '독서'와 '묵상'은 들음, 곧 경청의 단계다. '기도'는 들은 말씀에 대한 응답이며, '관상'은 성령의 열매로, 우리가 쟁취할 수 있는 것이 아니다. 보통 우리가 행하는 단계는 기도까지다. 우리는 앞에서 기도는 들음과 응답으로 이루어져 있음을 보았다. 결국 성독 자체가 넓은 의미에서의 기도다. 주로 개인적 차원에서 이루어지는 하느님과의 대화인 것이다. 성독의 네 단계에서 나오는 기도는 좁은 의미의 기도라 할 수 있다. 우리가 성경을 펼치는 그 순간부터 하느님과의 대화가 시작된다. 그것이 바로 기도다.

---

[3] 허성석 「렉시오 디비나」 『코이노니아』 제29집 (2004) 61-107 참조.

제6장 그리스도와의 만남

그리스도의 제자인 우리 그리스도인에게는 스승과의 만남이 무엇보다 중요하다. 이 장에서는 『성규』에서 베네딕도가 그리스도와의 만남을 위해 제시하는 수단들을 전체적으로 종합해 보고자 한다. 일상에서 우리는 어떻게 그리스도를 만날 수 있는가?

그리스도와의 만남은 일차적으로 하느님의 일(8-20장) 안에서 이루어진다. 우리는 먼저 전례 안에서 그리스도의 현존을 체험한다. 또 사람들 안에서도 그리스도를 만난다. 공동체 안에서는 함께 사는 형제자매들, 특히 아빠스(2장), 병든 형제(36장), 노인과 어린이(37장) 안에서 그리스도를 만난다. 공동체 밖에서는 공동체를 방문하는 손님들, 특히 가난한 이, 순례자, 신앙의 가족, 사회적 약자(53장; 66장) 안에서 만나게 된다. 더 나아가 자연과 사물(31,11) 안에서도 그리스도를 만날 수 있고, 심지어 우리 양심(68장)을 통해서도 그분을 만나게 된다. 여기서 이 모든 장을 다루지는 않을 것이다. 이미 앞에서 다룬 장들은 제외하고 나머지 장들만 순서대로 살펴보자.

1. 아빠스(『성규』 2장)

『성규』 2장은 아빠스에 대한 장이다. 아빠스에 대한 『성규』의 또 다른 장은 64장이다. 64장은 아빠스의 선출에 대해서, 2장은 아빠스의 자질에 대해서 주로 이야기한다. 『성규』 2장은 베네딕도가 『스승』의 병행되는 장(2장)에 비해 더 엄격한 모습을 보여 주는, 『성규』에서 몇 안 되는 장 중 하나다. 반면 64장은 비교적 부드럽다. 『성규』 2장은 대개 『스승』의 노선을 따른다.

　『성규』 2장의 핵심 주체는 공동체다. 아빠스가 공동체를 어떻게 잘 보살피고 다스려야 하는가에 관심이 놓여 있다. 이 장은 크게 여섯 부분(1-10; 11-15; 16-22; 23-29; 30-36; 37-40)으로 구성되어 있는데, 37-40절을 제외한 각 부분은 성경 말씀으로 끝나는 점이 주목할 만하다. 이제 이 장에서 눈여겨볼 만한 부분을 중심으로 살펴보자.

2절의 '그리스도의 대리자'vices Christi라는 표현은 아빠스가, 그리스도가 아니라 그리스도의 양 떼를 그리스도께 인도하는 역할을 한다는 점을 상기시킨다. 14절에서는 아빠스 자신이 죄지은 이로 표현된다. 이것은 아빠스 역시 연약한 인간이기에 죄를 지을 수 있고, 그래서 정화될 필요가 있다는 것이다. 16-20절은 형제들에 대한 아빠스의 태도에 대한 내용이다. "무엇보다도 사람을 편애해서는 안 된다"(16절)는 것이 베네딕도의 기본 생각이다. 그 이유는 "우리 모두는 그리스도 안에 하나"(20절)이기 때문이다. 하지만 예외적인 경우도 인정된다. 선행과 순종 혹은 겸손에서 남보다 뛰어날 경우다(17절; 21절).

항상 이런 예외 규정을 두는 베네딕도의 의도는 무엇인지, 또 그 예외에 적용되는 원칙이 무엇인지를 보면 우리는 베네딕도의 생각을 알 수 있다. 일반 원칙이 있고 예외적인 경우도 있으니 상황에 따라 적용하면서 형제들이 선행과 순종, 겸손에 더욱 나아가도록 분발시키고자 함이다. 만일 아빠스가 태도나 인격적·영적 성숙과 관계없이 인간적 재능이나 처세에 밝은 사람들을 선호한다면 공동체 형제들은 그런 식으로 양성될 것이다. 그래서 키잡이가 중요하다. 그가 어떤 의식을 가지고 있고, 지향하는 중심 가치가 무엇인지에 따라 공동체는 그런 분위기로 형성되어 가기 때문이다.

인간의 고귀한 품위나 전통적 가치가 붕괴되어 가는 오늘날 우리에게 절실한 것은 삶의 철학이다. '존재는 행위를 선행한다'는 철학적 명구가 있듯이 우리가 어떤 생각을 하고 어떤 가치를 지향하느냐에 따라 우리의 행동과 삶의 모습이 달라진다. 그래서 예수님도 열매를 보고 그 나무를 안다고 하신 것이다. 우리는 한 사람의 말이나 관심사, 행동을 통해서 그 사람의 지향 가치나 철학을 간접적으로 들여다볼 수 있다.

사람에 대한 태도는 항상 같지만 사람을 대하는 처우는 다를 수 있다는 것이 베네딕도의 생각이다. 그 기준은 세속적인 데 있지 않고 영적인 데 있다. 선행과 순종, 겸손에 더 나아간 사람을 좀 더 다르게 대우하는 것이다. 그러면 사람들은 이런 쪽으로 더욱 경쟁하게 될 것이다. 이것이 아빠스의 역할임이 『성규』에서 명확히 드러난다.

30-36절은 베네딕도가 삽입한 부분이다. '무엇보다도' ante omnia로 시작하는 33절 이하는 특히 의미심장하다. '영혼들의 구원'(33절), '영혼들을 돌볼 임무를 받았다'(34절), '하느님 나라와 그분의 의로움'(35절) 등의 표현은 영혼이 사물보다 더 고귀한 가치를 지님을 잘 드러내 준다. 베네딕도에게 첫째 관심사는 영혼 구원이다. 따라서 아빠스의 가장 중요한 임무는 바로 영혼들을 돌보는 일이다.

공동체가 커지게 되면 아빠스는 자신의 권위를 분여한다. 아빠스로부터 특정 분야에 대해 권위를 직접 부여받은 사람을 공동체 임원이라 한다. 그럼으로써 남는 시간이나 여력을 아빠스는 형제들을 돌보는 데 사용해야 한다. 장상이 여러 일로 바쁘다 보면 형제들을 돌보는 자신의 본업에 전념할 수 없게 된다. 현명한 아빠스는 가능한 한 자신의 짐을 형제들과 나누고 잘 조정할 것이다.

베네딕도는 아빠스에 대해 목자, 아버지, 스승, 의사와 같은 상반된 이미지를 사용한다. 목자이면서 동시에 자녀들의 잘못을 교정하는 스승과 의사로서의 역할도 있는 것이다. 오늘날 의사로서의 역할은 더더욱 수행하기가 어려워 보인다. 누구나 남에게 좋은 말을 하기는 쉽지만 쓴 말을 하기는 결코 쉽지 않다. 그래서 대개 꺼리게 된다. 하지만 후자가 없을 때 공동체의 발전을 기대하기는 어렵다. 아빠스는 개인과 공동체의 선익을 위한 것이라면 형제들의 생활에 어떤 형태로든 개입할 권리와 책임을 가지고 있다. 참된 장상이라면 쓴소리를 할 줄 알아야 한다. 쓴소리에는 절대 감정이 섞여서는 안 된다. 이것이 바로 장상의 십자가다.

2. 병든 형제(『성규』 36장)

이 장은 병든 형제에 대한 장이다. 앞 장(35장)은 주방 봉사에 대한 장인데, 『스승』은 23장에서 주방 봉사에 대해 언급한 후 곧바로 식사 문제를 이야기한다. 그렇다 하더라도 식사에 대해 언급하는 3개의 장(『스승』 26-28장) 중 마지막 장은 병자와 어린이들에 대해 말하고 있다(『스승』 28,13-18.19-26). 그러나 베네딕도는 주방 봉사자에 대한 『성규』 35장 다음에 곧바로 병든 형제에 대해 하나의 장으로 떼어 내어 다룬다. 여기서 우리는 병자나 노약자(37장)에 대한 베네딕도의 관심과 강조를 볼 수 있다. 베네딕도가 무엇을 중요하게 생각하는지를 보게 된다.

이 장에서는 일련의 반복구가 나타난다. 처음(1절)과 중간(6절), 그리고 끝에서(10절) 베네딕도는 모든 것에 앞서 병든 형제들을 우선적으로 돌보라고 강하게 권고한다. 이 반복구 사이에 두 개의 문단이 삽입된다. 그중 첫 번째 문단은 봉사 정신에 대해서, 두 번째는 그 실천적 방식에 대해서 다룬다. 크게 보면, 1-6절은 이론적 토대라 할 수 있고, 7-9절은 구체적 실천, 10절은 결론이라 할 수 있다.

1절에서는 두 가지 근본 원칙을 제시한다. '모든 것에 앞서 병든 형제들을 돌봐야 한다'는 것과 '그리스도께 하듯이 그렇게 그들에게 봉사해야 한다'는 것이다. 그런 다음 최후 심판에 대한 마태오 복음서 25장 36절 말씀을 인용하며 그리스도론적 동기를 제시한다(2-3절). 이후 언급되는 내용은 모두 이 두 원칙에서 나오는 의무들이다.

병자들에 대한 우선적이고 극진한 돌봄은 무엇보다도 그리스도를 토대로 삼고 있다. 그리스도께서 친히 그들 안에 현존하신다는 믿음에서 그들에 대한 진심 어린 봉사가 가능하다. 흥미로운 점은 앞의 35장은 식탁 봉사에 대한 것이고, 이 36장은 병든 형제들에 대한 것인데, 앞 장은 제자들에게 봉사하는 그리스도를, 이 장은 섬김을 받는 그리스도를 연상시킨다는 점이다. 그리스도는 섬기는 종인 동시에 섬김을 받는 주님이시다.

이 장에서도 놀라운 내용들이 나온다. 4절을 보면, "지나친 요구로 자기에게 봉사하는 형제들을 상심시키지 말아야 한다"고 한다. 이는 병자들에게 하는 권고로, 베네딕도의 현실감각이 뛰어났음을 엿보게 하는 구절이다. 우리 같으면 마태오 복음서 25장을 인용하면서 단순히 그리스도께 봉사하듯이 병자들을 섬겨야 한다고 말할 것이다. 하지만 베네딕도의 특징은 섬김을 받는 병자들과 그들을 돌보는 형제들 모두를 배려한다는 점이다. 이것은 분명 베네딕도의 체험에 바탕을 둔 지혜와 중용을 잘 드러내 주는 가르침이다. 그는 항상 상반된 입장에 있는 사람들 모두를 고려한다.

사실 병자들을 돌보는 일은 결코 쉬운 일이 아니다. 그래서 베네딕도는 여기에 그리스도론적 동기를 부여한다. 동시에 병자들에게도 하느님에 대한 존경심에서 자기가 봉사를 받는다는 점을 기억하여 지나친 요구로 봉사하는 형제들을 상심시키지 말라고 하는 것이다. 이처럼 상호 권고를 하면서도 무게 중심은 다시 병든 형제들에게로 옮겨진다. 봉사자들에게는 미래의 상급을 상기시키며 인내를 요구한다(5절). 병든 형제들은 약자이고 바로 그들 안에 그리스도가 현존하시기 때문이다.

7-9절에서는 앞의 정신을 토대로 병든 형제들에 대한 구체적 봉사의 내용을 언급한다. 즉, 병자를 위한 별도의 방과 봉사자(7절), 목욕(8절)과 고기(9절)를 허락한다. 병실과 병실 담당자, 목욕과 고기와 같은 규정들은 『스승』에는 나타나지 않는 반면, 베네딕도는 보다 세심한 배려를 보여 준다.

베네딕도는 봉사자의 자질에 대해서도 말한다. 하느님께 대한 두려움, 이것은 모든 임원에게 요구되는 자질이다. 부지런함과 신중함(7절)도 필요하다. 이런 자질들은 병자를 돌보는 데 필수적이다. 이런 자질이 없는 사람이 병자를 돌보았을 때 어찌 될지는 충분히 상상할 수 있다.

병실은 수도원에서 중요한 소임 중 하나다. 오늘날 세상의 통념과는 달리 중책 중의 중책이다. 『성규』에서 중

책은 주방, 병실, 문지기, 당가 등으로 정말 쉽지 않은 소임들이다. 하느님께 더욱 가까이 나아갈 수 있고 그리스도를 생생하게 만날 수 있는 소임이기 때문이다. 이런 봉사는 하느님께 대한 두려움을 가진 사람만이 할 수 있을 것이다.

베네딕도는 목욕에 대해 말하면서 "건강한 이들, 특히 젊은이들에게는 보다 드물게 허락"(8절)하라고 말한다. 고대 수도 전통에 비하면 상당히 관대해진 것이다. 일반적으로 사막 수도자들은 잘 씻지 않았다고 전해진다. 안토니우스 성인도 수도자가 된 이후로 한 번도 씻지 않았다고 한다(『안토니우스의 생애』 47,2 참조). 더 이상 세상의 미를 추구하지 않으려는 마음에서다. 또 욕정을 일으킬 위험을 방지하려는 수행적 이유도 있었다. 그래서 젊은 수도자에게는 씻는 것을 드물게 허락하는 것이다. 금육 역시 수행적 이유에서였다. 칼로리가 높은 음식은 우리 안에 욕정을 자극하기 때문이다.

10절은 결론이라 할 수 있는데, 당가나 병실 담당자를 아빠스에게 연결한다. 아빠스는 이 모든 이에 대해 책임이 있다는 권고로 마친다.

이 장에서 베네딕도가 강조하는 바는 병든 형제들에 대한 세심한 관심과 돌봄이다. 이는 그들 안에 그리스도께서 현존하신다는 복음의 가르침에 깊이 근거한다. 따라서 그들에 대한 봉사는 바로 그리스도께 대한 봉사라는 강한 그리스도론적 동기를 제시한다. 이를 구체적으로 실현하기 위한 그 밖의 모든 규정이 여기서 나온다.

3. 노인과 어린이(『성규』 37장)

베네딕도는 노인과 어린이를 위해 따로 한 장을 할애한다. 세 개의 절로 된 상당히 짧은 장이지만 이 장에도 중요한 가르침이 담겨 있다. 1절을 보면, 베네딕도는 인간 본성 자체가 이 두 연령층에 대한 동정심으로 기운다고 전제한다. 그러나 항상 그렇지는 않을 것이다. 실제로 누구나, 또 언제나 그들에 대해서 동정심을 가지게 된다고는 볼 수 없다. 베네딕도 역시 체험을 통해 이 점을 깨달았을 것이다. 그래서 규칙의 권위로 그들을 배려해 줄 필요가 있다고 하면서 제도화하는 것이다. 2절에서는 배려의 내용이 언급된다. 엄격한 음식 규정을 적용하지 말라고 한다. 인간의 연약함에 대한 고려와 배려는 베네딕도의 인간 이해의 폭과 깊이를 가늠하게 해 준다. 3절은 배려의 구체적 적용인데, 정해진 식사 시간 전에 식사하도록 허용하라는 것이다. '정해진 식사 시간 전에'라는 표현은 노인과 어린이들의 경우 하루에 두 번 식사했음을 암시해 준다.

고대 수도자들은 보통 하루에 한 번 식사했다. 사막 교부들 안에는 이런 말이 있었다. "하루 한 끼 식사하면 수도승이다. 하루 두 끼 식사하면 육적인 인간이다. 하루 세 끼 식사하면 짐승이다."[4] 그렇다면 간식을 포함해서 하루 세 번 이상 먹는 우리는 무엇인가?

『성규』 37장은 매우 짧지만 여기서도 베네딕도의 인간 이해와 약자에 대한 관심과 배려를 보여 준다. 인간 공동체라면 어디에나 있게 마련인 약한 이들(물리적·영적·인간적으로)은 자칫 무시되고 소외되기 마련이다. 그러나 베네딕도는 오히려 건강한 이보다도 병든 이, 약한 이에게 더 많은 관심을 기울인다. 이는 복음의 가르침에 깊이 뿌리를

---

[4] 뤼시앵 레뇨 『사막 교부, 이렇게 살았다』 허성석 옮김, 분도출판사 2006, 109.

둔 베네딕도의 태도에서 나오는 것임이 분명하다. '연약
함을 항상 고려해야 한다'는 베네딕도의 가르침을 우리는
깊이 되새길 필요가 있다.

4. 손님(『성규』 53장)

『성규』 53장은 매우 아름답고 중요한 장이다.[5] 이 장의 구
조는 크게, 1-15절과 16-24절 두 부로 나뉘어 있다. 전반
부와 후반부의 어조는 사뭇 다르다. 전반부에서는 환대에
대해 매우 개방적이고 호의적으로 이야기한다. 베네딕도
는 환대를 그리스도론에 기초를 두면서 그 영적 가르침과
토대를 언급한다. 반면에 후반부에서는 어조가 바뀌어 환
대를 위한 실제적 내용과 공동체를 보호하기 위한 분별이
언급된다. 여기서는 분위기가 약간 폐쇄적이고 엄격하다.
우리는 전반부인 제1부에서 중요한 요소들을 뽑아 볼 수
있다.

---

[5] 허성석 「RB 53장에 나타난 그리스도의 역할」『코이노니아』 제27집
(2002) 146-180 참조.

1) 제1부(1-15절)

1-2절에서는 환대의 원칙과 동기, 선호되는 사람이 언급된다. 베네딕도는 "모든 손님을 그리스도처럼 맞이하라"(1절)는 환대의 기본 원칙을 제시한다. 그 동기는 마태오 복음서 25장 35절이다. 2절에서는 환대의 대상, 즉 '신앙의 가족'과 '순례자들'을 언급한다. 전자는 아리우스 이단에 반대했던 신자들, 더 엄격히는 하느님 섬김에 종사하는 성직자·수도자를 뜻한다. 따라서 '신앙의 가족'이란 넓은 의미로는 그리스도교 신앙을 가진, 그리고 교회와 그리스도께 속해 있는 모든 신자를 뜻하는 것이며, 좁은 의미로는 성직자와 수도자를 의미한다고 볼 수 있다. '순례자들'은 종교적 목적으로 여행에 나선 이들이다.

3-14절에서는 환대 예식이 나온다. 고대에는 이런 예식이 있었다. 제일 먼저 기도와 평화의 인사(4-5절)를 하고, 다시 인사(6-7절), 기도와 성경 독서(8-9절), 손과 발을 씻어줌(12-13절), 시편 낭송(14절)이 이어진다. 여기서 중요한 것은 고대의 정신이다.

기도와 평화의 인사의 순서도 의미심장하다. 성령의 도움으로 악마의 속임수를 간파하려는 의도에서였다. 이단

자나 나쁜 동기로 수도원을 찾아오는 이가 있을 수 있기에 이것을 기도로 식별하고 난 후 평화의 입맞춤을 한다. 그런 다음 다시 인사하고 기도와 성경 독서를 하는데, 그 동기는 손님을 감화하기 위한 것이다. 여기에 환대의 목표가 잘 드러난다. 즉, 손님을 신앙과 그리스도께로, 하느님과의 관계로 인도하는 것이다. 이것이 베네딕도가 염두에 두었던 점이다.

손과 발을 씻어 주는 것은 손님을 맞이하는 고대의 관습이었다. 여행으로 더러워진 손과 발을 씻어 줌으로써 손님 환대를 표현했다. 이 행위를 통해 수도자들은 그리스도를 모방하는 것이며 동시에 봉사자이신 그리스도를 증거하는 것이다. 우리가 손님에게 하는 봉사는 바로 그리스도께 하는 것임이 14절에서 잘 드러난다. 손과 발을 씻어 주고 나서 공동체는 "오, 하느님, 저희는 당신 성전 한가운데서 당신 자비를 받았나이다"(시편 48,10)라고 기도한다. 손님을 받아들인 공동체 쪽에서 하느님께 감사드리면서, 동시에 공동체 자신이 하느님께 받아들여졌음을 감사하고 있다. 이것은 손님을 통해 공동체를 방문하신 그리스도를 받아들인 것에 대해 하느님께 드리는 감사다.

제1부 손님 환대의 절차에서 우리는 다음과 같은 내용을 알 수 있다. 손님을 환대하는 절차의 핵심에는 그리스도가 자리 잡고 있다는 것과, 환대 예식에서는 영적 측면이 우선된다는 점이다. 영적 영역에서 행해진 환대만이 참된 의미와 가치를 지닌다는 것을 알 수 있다. 베네딕도에게 환대의 목표는 무엇보다도 영적인 것이다. 즉, 손님을 그리스도교 신앙과 그리스도께로 인도하는 데 있다.

15절에서 다시 선호되는 사람이 나오는데, 곧 가난한 사람과 순례자들이다. 여기서의 순례자는 가난 때문에 고국을 떠난 이방인들, 오늘날로 치면 우리 사회의 외국인 노동자들이라 하겠다.

2) 제2부(16-24절)

16-22절에서는 실천적 배려들이 언급된다. 먼저 별도의 주방을 두는 이유가 16절에서 잘 나타난다. 불시에 찾아오는 손님으로 인해 형제들이 방해받지 않게 하려는 것이다. 우리는 충분히 상상할 수 있다. 손님을 잘 환대해야 하지만, 손님이 불시에 찾아올 경우 공동체생활이 흐트러질 수 있다. 그래서 베네딕도는 손님들을 위한 별도의 주

방을 두었다. 이는 공동체를 배려하는 것인 동시에 손님을 더 잘 환대하기 위한 것이라 할 수 있다. 여기서도 베네딕도의 이중 배려가 나타난다.

그리고 이 일을 위해 봉사하는 형제들에 대해서 이야기한다. 베네딕도는 이 직무에 적합한 두 명의 형제와 보조자들까지 배려한다. 베네딕도의 공동체를 보통 20~25명 정도의 규모로 추정하는데, 손님 환대에 두 명의 형제와 보조자를 둔 것으로 보아 얼마나 많은 손님이 방문했는지, 또 베네딕도가 얼마나 손님을 배려했는지 엿볼 수 있다. 이런 배려 역시 그리스도론적 동기 때문이며, 여기서도 베네딕도의 이중 배려가 드러난다. 즉, 봉사하는 사람이 불평 없이 봉사하도록 배려함과 동시에 손님들을 더 잘 환대하고자 하는 것이다.

21-22절에서는 손님방에 대해 이야기하면서 손님을 위해 충분한 수의 침대를 비치해야 한다고 말한다. '충분한 침대가 마련되어야' 한다는 표현은 손님에 대한 베네딕도의 세심한 보살핌을 잘 반영한다.

이처럼 제2부에서는 손님에 대한 세심한 보살핌이 잘 드러나는데, 이 모든 실제적 배려를 통해서 우리는 다음 사실을 알 수 있다. 즉, "방문하는 모든 손님을 그리스도처럼 맞이할 것이다"(1절)라는 환대의 원칙이 실현된다는 것과 공동체는 손님에게 그리스도를 중개하고 그를 그리스도께 인도하고자 한다는 것이다.

23-24절은 손님과의 관계에 관한 것으로, 이 가르침은 수도 전통과 베네딕도의 오랜 개인적 체험에서 유래한다. 베네딕도의 의도는 무엇보다도 수도자와 손님 모두의 선을 위한 것이다. 즉, 환대가 인간적 차원으로 나아가지 않고 항상 그리스도를 그 중심에 두는 신앙의 차원으로 나아가게 하기 위한 것이다. 이러한 측면이 16-22절에서 잘 드러난다. 『스승』의 병행되는 장을 보면, 『스승』에서는 손님들을 상당히 의심에 찬 눈초리로 바라본다. 수도원 물건을 훔쳐 가지 않는지 의심하고, 손님이 오는 것을 탐탁지 않게 여긴다. 하지만 베네딕도는 그리스도론적 동기에서 손님을 전혀 다르게 맞아들인다.

여기에는 환대가 개인의 일이 아니라 공동체의 공적인 일이라는 생각이 깔려 있다. 수도원에 손님이 찾아오면 그를 맞이하는 것은 공동체의 일이다. 자칫 자기 손님을 만들려 할 수도 있다. 하지만 우리가 손님을 정중하게 대하는 것은 바로 공동체를 방문한 그리스도 때문이다. 환대의 이런 공적인 차원을 소홀히 할 때 어려움이 따른다.

『성규』 53장을 정리하면 이렇다. 환대는 그리스도를 중심으로 공동체와 손님 사이에 이루어지는 상호 작용이라 할 수 있다. 즉, 공동체와 손님이 서로 그리스도라는 선물을 주고받는 상호 작용이다. 손님은 그리스도라는 선물을 가지고 공동체를 방문하고, 공동체는 손님에게 드러내는 환대를 통해서 손님에게 다시 그리스도를 선물한다.

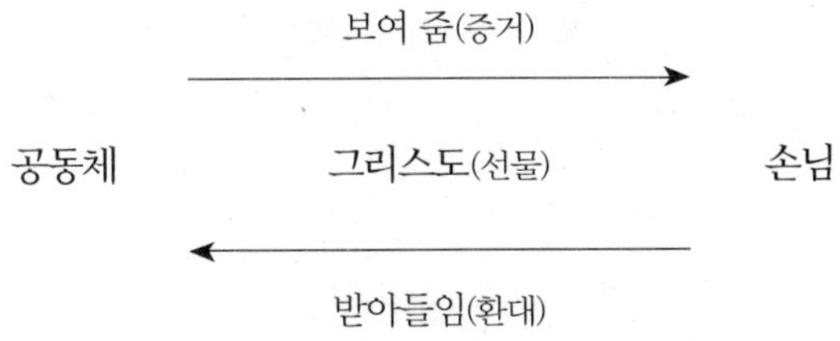

베네딕도회에서 그토록 환대를 중요시하는 이유가 여기서 드러난다. 환대는 우리에게 오시는 그리스도를 만나는 수단인 동시에 그리스도를 증거하는 중요한 수단이기 때문이다. 환대를 통해서 우리는 사람들에게 그리스도를 증거한다. 이것이 가장 일차적이고 중요한 선교다.

베네딕도회 선교의 기본은 공동체적 선교다. 공동체로써 그리스도를 드러내는 것이다. 우리 삶이나 우리가 드러내는 환대를 통해서 그리스도를, 복음을 증거하는 것이다. 따라서 환대는 우리가 베네딕도 회원으로서 어떤 일을 하든지 우리에게 주어진 아주 중요한 수단이다.

우리가 공동체 밖에서 사도직을 할 때는 그리스도를 어떻게 드러낼 수 있겠는가? 그리스도는 무엇보다도 우리 개인의 삶과 인격을 통해서 증거된다. 사람들이 우리를 보고서 그리스도를 만나고, 복음의 가치를 느끼게 된다. 따라서 우리 인격과 삶을 통해서 복음이 선포되는 것이다. 오늘날 수도생활의 증거는 말이나 행위라기보다는 일차적으로 우리의 존재, 우리의 삶 자체다. 그래서 존재를 통한, 삶을 통한 증거가 되는 것이다.

토머스 머튼은 일찍이 관상과 활동의 관계를 이렇게 이야기했다. "관상은 활동의 토대이고 활동은 관상의 열매다." 우리가 하는 활동은 관상에서, 즉 하느님과의 내적 관계에서 힘을 받지 못하면 참된 열매를 맺지 못한다는 것이다. 그리고 우리의 관상이, 하느님과의 관계가 삶을 통해 구체적으로 드러나지 않으면 공허하다는 것이다.

'존재는 행위를 선행한다'는 것과 비슷한 의미다. 우리 인격과 삶이 어떠하냐에 따라 우리가 하는 일은 참된 힘을 받을 수도 있고 그렇지 않을 수도 있는 것이다.

5. 문지기(『성규』 66장)

『성규』 1차 편집의 마지막 부분인 『성규』 66장 역시 중요한 장이다. 이 장은 『성규』 53장과도 밀접한 관련이 있다. 『성규』 53장에서는 손님 환대의 자세와 방법에 대해 언급했다면 여기서는 실제로 손님을 제일 먼저 맞게 되는 수도원 문지기의 자질, 자세, 역할 등에 대해서 구체적으로 이야기한다. 문지기는 수도 공동체가 세상과 첫 접촉을 하는 문과 같다. 잘못하면 손님을 통해서 오시는 그리스도가 수도원 문간에서 문지기에 의해 거부될 수도 있다. 그만큼 문지기는 아주 중요한 소임이다.

문지기에 대한 『스승』의 마지막 장인 95장과 비교해 보면, 『스승』의 경우 세상으로부터의 철저한 분리가 강조된다. 거기서는 폐쇄된 문과 더불어 끝이 난다. 수도자는 하느님과 함께 수도원 안에 있다. 수도원 안은 바로 천국과도 같이 묘사된다. 수도원 밖 세상은 악마들이 득실대는 장소다. 그래서 손님을 의심의 눈초리로 보는 것이다. 반면『성규』66장에서는 봉쇄도 물론 언급되지만 동시에 세상에 대한 개방이 강조된다. 이 장의 구조와 내용은 이렇다. 1-5절에서는 세상에 대한 개방에 대해서, 6-7절에서는 세상에 대한 봉쇄에 대해서 이야기한다. 마지막 8절에서는 핑계 대지 못하도록『성규』를 읽어 주라고 한다.

이 장에서 주목할 만한 것이 몇 가지 있다.『성규』53장에서는 주로 '세심한 돌봄'이 강조되는 반면, 66장에서는 '응답'이 강조된다. 1절에서는 문지기의 자질로 '말을 받고 응답할 줄 아는 현명함', 그리고 '나돌아 다니지 않을 성숙함'이 요구된다. 이런 자질을 갖춘 사람이 과연 얼마나 되겠는가? 베네딕도는 문지기가 한가하게 나돌아 다니는 것에 매우 부정적이다. 말을 받고, 받은 것에 응답하는 것은 순종이나 기도의 구조와 비슷하다.

2절을 보면, 문지기의 첫 번째 역할은 '듣고 응답하는 것'이다. 그러기 위해선 한 장소에 현존하는 것이 필요하다. 여기서는 장소의 중요성이 강조된다. 이를 위해서 문지기의 방은 문간 옆에 두라고 한다.

3-4절은 손님을 맞이하는 절차인데, 문지기의 현존은 단지 장소적 현존만이 아니라 올바른 현존이어야 한다는 것을 드러낸다. 현존해 있는 것은 장소적 의미가 아니라 일종의 자질이라 할 수 있다. 즉, 단순한 기계적 현존이 아니라 올바른 현존을 요구한다. 누가 부르면 듣고 제대로 응대해야 한다는 것이다. 이 장 제1부에서는 '응답하다'(1-4절)라는 동사가 강조된다.

3절에서는 '가난한 사람'이 언급된다. 여기서도 흥미로운 점은 가난한 사람이 부르면 '하느님, 감사합니다' 혹은 '강복하소서'라고 응답하라는 것이다. 그리스도는 특히 가난한 사람의 모습으로 우리에게 다가오신다고 믿었기 때문이다.

4절의 '온갖 양순함으로', '사랑의 열성'과 같은 표현은 『성규』 53장과 72장의 표현과 대단히 유사하다. 이 모든 것의 토대에 '하느님께 대한 두려움'timor Dei이 있다. 이것은 수도원의 모든 임원에게 요구되는 중요한 자질 가운데 하나다.

5절에서는 문지기가 도움을 요청하면 젊은 형제를 하나 붙여 주도록 배려한다. 베네딕도는 문간 소임이 결코 쉽지 않다는 것을 잘 알고 있는 것 같다. 사람을 상대하는 문간 소임은 선호되는 소임은 아닐 것이다. 특히 젊은이들에게는 더욱 힘든 소임일 수 있다. 수도원을 찾는 다양한 사람의 요구에 부응하다 보면 지칠 수도 있고 타성에 젖을 수도 있다. 그러다 보면 손님에게 불친절하게 되고, 결국 손님을 통해 다가오시는 그리스도를 제대로 맞이할 수 없게 된다. 그래서 베네딕도는 처음에 문지기의 자질로 말을 주고받을 수 있는 현명함과 나돌아 다니지 않을 성숙함을 요구한 것이다. 사람을 상대하는 소임은 결코 쉽지 않은 소임이다.

문지기는 병실이나 주방과 더불어, 힘들지만 아주 중요한 소임이다. 우리가 복음적 가치를 추구한다면 분명 서로 다투어 쟁취할 소임 중 하나일 것이다. 세상의 가치는 다르지만 우리는 복음적 가치를 추구하며 그 가치에 따라 사는 사람들이다. "왜 희생할 권리를 내게서 빼앗아 가는가?"라고 말할 정도는 되어야 한다.

6-7절은 봉쇄에 대한 내용인데, 다소 부정적인 어조를 띠고 있다. 수도자들이 밖으로 나돌아 다니는 일이 없도록 수도원 안에 모든 시설을 갖추라고 한다(6절). 나돌아

다니는 것은 그들 영혼에 전혀 유익이 되지 않는다는 것이다(7절). 이래서 베네딕도회 공동체들이 규모가 커질 수밖에 없었다. 큰 울타리가 필요했고 그 안에 여러 작업장이 있어야 했다. 한때 베네딕도회 안에서 이런 문제 제기가 있었다. '가난한 나라나 지역에서 이렇게 거대한 수도원이 복음을 증거하는 삶을 과연 제대로 보여 줄 수 있을 것인가?'

베네딕도의 시대와 우리 시대는 물론 확연히 다르다. 이 규정을 오늘날 그대로 적용할 수는 없을 것이다. 하지만 우리가 여기서 염두에 두어야 할 것은 베네딕도의 관심이다. 그는 항상 우리 영혼의 문제에 관심을 가졌다. 즉, 영적인 것에 우선권을 두었다.

문지기는 수도원의 얼굴과도 같다. 수도원을 처음 찾는 사람에게 수도원에 대한 첫인상을 심어 주기 때문이다. 손님을 맞이하는 그의 자세나 처신에 따라 수도원에 대해 긍정적이거나 부정적인 이미지가 형성된다. 중요한 소임인 동시에 쉽지 않은 소임이기 때문에 문지기에 대한 배려를 유념해야 할 것이다.

6. 당가(『성규』 31장)

당가에 대해 언급하는 『성규』 31장도 중요한 장이다. 그리스도와의 만남과 관련하여 우리가 이 장에서 관심을 둘 부분은 10절이다. 베네딕도는 이렇게 말한다. "당가는 수도원의 모든 기구와 전 재산을 제단의 축성된 그릇처럼 여길 것이다."

수도원의 모든 기구나 재산을 제단과 연결시키는 것은 베네딕도 고유의 것이다. 그는 당가에게 수도원 안의 물건을 제단의 축성된 그릇처럼 여기라고 권고한다. 수도원의 주인은 하느님이시기에 그 안의 모든 것도 하느님의 소유이고 축성된 물건이기 때문이다. 그러므로 우리는 공동체의 물건을 다룰 때 정중해야 한다. 사람뿐 아니라 사물이나 자연도 정중하게 대하는 것은 아주 중요하다. 이것은 오늘날 환경 운동의 정신에도 부합한다. 이런 것이 베네딕도의 가르침에 잘 드러나 있다.

제7장 함께 사는 기술

이 장에서는 함께 사는 기술과 관련된 『성규』 63장, 71장, 72장을 살펴볼 것이다. 이 장들을 통해서 조화로운 공동체생활을 위한 영적 기술들[6]을 뽑아 보고자 한다.

1. 공동체의 차례와 상호 관계(『성규』 63장)

베네딕도는 『성규』 62장을 끝으로 공동체 편입 문제를 마

---

[6] 참조: 허성석 「공동생활, 걸림돌인가 디딤돌인가?: 공동체생활을 위한 기술」 『코이노니아』 제37집 (2012) 71-84; 허성석 「공동체 영성」 『코이노니아』 제38집 (2013) 7-21.

무리 짓고, 63장부터 66장까지 공동체 구성원에 대해 이야기해 나간다. 『성규』63장[7] 역시 우리에게 다소 불편하게 다가오는 장들 중 하나일 수 있다. 제목 자체가 말해 주는 바와 같이 '공동체의 차례'에 대한 장이기 때문이다. 하지만 이 장의 후반부에서는 제목과는 다소 동떨어진 구성원 상호 관계에 대해 이야기한다. 이 장은 크게 두 부로 나뉘는데, 후반부(10-19절)가 바로 베네딕도 고유의 부분이라 할 수 있으며, 여기서 베네딕도의 독창성이 잘 드러난다. 공동체의 차례에 대해 말하는 전반부(1-9절)에서는 전통에 근거해서 이야기한다. 물론 『스승』과 비교하면 많은 차이가 있다. 베네딕도는 『스승』 이전의 사막 전통으로 되돌아간다. 이제 그 내용을 살펴보자.

1) 공동체의 차례(1-9절)

공동체의 차례에 대한 내용은 외견상 오늘날에는 잘 이해되지 않고 어색하게 느껴지는 부분이 있다. 하지만 여기에 상당히 깊은 내용이 담겨 있다. 『스승』에서는 공동

---

[7] 허성석 「공동체의 차례와 상호 관계(RB 63장)」 『코이노니아』 제31집 (2006) 65-94 참조.

체의 차례를 아빠스가 정한다. 그래서 차례가 불규칙하고 뒤죽박죽이다. 여기서 빚어질 폐단을 충분히 상상할 수 있다. 베네딕도는 보다 더 원천으로 거슬러 올라간다.

1절에서는 차례를 정하는 기준이 나온다. 공동체의 차례는 '수도생활을 시작한 때', '생활의 공로', '아빠스의 결정', 이 세 가지 기준에 따라 정해진다. 첫 번째 기준은 모두에게 적용되는 일반적 기준이라 할 수 있다. 수도생활을 시작한 때는 우리가 하느님께 돌아선 때다. 수도자는 두 번 하느님께 돌아서는데, 그것은 바로 세례 때와 수도생활을 시작한 때다. 여기서 우리가 알 수 있는 것은, 베네딕도에게 있어 중요한 것은 하느님께 돌아선 때라는 사실이다. 이 첫 번째 기준은 어찌 보면 기계적이고 비인격적으로 보일 수도 있다. 하지만 여기에는, 그리스도를 중심으로 모인 새로운 신앙 공동체에서는 더 이상 세속적 가치 기준이 아니라 영적 가치 기준을 따른다는 깊은 의미가 담겨 있다. 베네딕도는 여기에 '생활의 공로'라는 예외적 기준을 덧붙인다. 그래서 어떤 형제의 특별한 재능이나 공로와 같은 개인적 기준을 바탕으로 공동체 안에 차례의 변화 가능성을 열어 놓는다. 그리고 이런 특권적 자리에 임명하는 권한을 궁극적으로 아빠스에게 부여한다. 입회 순서라는 일반 원칙은 생활의 공로 앞에서 그 예외가 인정되고, 이것은 최종적으로 아빠스의 판단에 맡겨진다.

2-3절에서는 아빠스에 대한 권고가 나오는데, 곧 양 떼를 어지럽게 하지 말며 부당하게 일을 처리하지 말라고 한다(2절). 그리고 항상 하느님께 해명해야 함을 기억하라고 경고한다(3절).

생활의 공로란 무엇인가? 『성규』 다른 장들에서 볼 때, 그것은 거룩하고 지혜로운 것, 즉 거룩한 삶과 지혜로움이라 할 수 있다. 어떤 형제에게 생활의 공로가 있다고 판단하는 것은 아빠스이지만, 그의 판단은 자칫하면 자신의 취향과 선입견 때문에 주관적으로 치우칠 수 있다. 그래서 아빠스의 판단에 객관성을 부여하는 것이 바로 '공동체의 천거'다. 공동체의 천거를 받더라도 아빠스는 그와는 다른 선택을 할 수도 있지만, 현명한 아빠스라면 공동체의 의견을 존중할 것이다. 자기가 원하지 않는다 하더라도 그런 여유가 필요하다. 잘못하면 장상이 공동체의 추천을 받는 행위는 단지 회헌에 따른 요식행위가 될 수 있다. 이것은 참으로 어리석은 일이 아닐 수 없다. 공동체의 추천을 받고자 하는 것은 형제들의 도움을 받기 위함인데, 오히려 형식적인 것으로 돌려 버리는 셈이 되기 때문이다. 베네딕도는 항상 아빠스에게 권한을 주지만 동시에 마지막 날을 인지시키면서 경고한다. 이것이 바로 하느님께 대한 두려움이다. 모든 형제를 분명한 원칙에 따라 공정하게 대하는 것은 장상에게 요구되는 중요한 자질 중 하나다.

4절에서는 차례가 공동체 안에서 구체적으로 적용되는 경우를 들고 있다. 흥미로운 점은 차례가 모든 전례 안에서 적용된다는 사실이다. 그만큼 베네딕도에게는 하느님의 일이 중요했다. 이것은 그의 일차적 관심사가 영적인 데 있음을 간접적으로 보여 준다.

5-8절에서는 입회 순서에 따른 차례의 규정이 좀 더 상세히 나온다. 제1시에 들어오는 사람이 제2시에 들어오는 사람보다 앞에 서는 것이다. 입회 전 사회적 지위나 신분은 새로운 삶 안에서는 무의미하다. 이제 수도자들은 그리스도 안에 모두 하나이고 평등하다. 베네딕도는 여기서 수도자들 사이의 세속적 차별을 허물고 있다.

첫째는 사회적 신분에 따라 차별하지 말라는 것이다. 또 하나, 세속적 나이 대신에 공동체 입회 날이라는 새로운 기준이 제시된다. 세속적 나이를 부정하는 것은 전통 사회가 인정하는 것을 거부하는 것처럼 여겨질 수 있지만, 여기서 베네딕도가 의도하는 바는, 수도생활은 새로운 삶이고 이 삶에서 중요한 것은 수도생활 시작 때부터 계산되는 영적 나이라는 것이다. 파코미우스 규칙을 보면 "나이대로 하지 말고 서원 순서대로 한다"(『파코미우스 규칙』 서언 3)고 말한다. 수도원의 연륜은 세속 나이나 수도생활의 연수가 아니다. 누가 하느님께 더욱더 가까이 나아갔느냐 하는 것이 보다 더 중요하다. 영적·내적 성숙이 중요한 것이다. 여기에 따라서 수도원에서의 차례가 결정된다. 이런 점에서 세상의 기준과는 확연히 다르다고 할 수 있다.

9절과 18-19절에서는 다소 동떨어진 이야기가 나오는데, 나이 어린 소년들의 책벌에 관한 것이다. 그들은 성인과 다른 취급을 받아야 한다고 말한다. 나이 어린 소년들은 무질서에 빠질 수 있기 때문에 항상 다른 이들의 감독과 지도를 받아야 한다는 것이다.

2) 구성원 상호 관계(10-19절)

　여기서는 구성원 상호 관계에 대해서 이야기한다. 먼저 선후배 관계다. 수도 공동체는 분명 하나의 위계적 조직체다. 그 안에는 당연히 차례에 있어 앞선 사람과 뒤선 사람이 있기 마련이다. 베네딕도는 그들의 호칭과 상호 자세에 대해서 이렇게 말한다. "후배는 선배를 공경하고 선배는 후배를 사랑할 것이다"(10절). 흔히 내리사랑은 있어도 치사랑은 없다 하고, 또 아랫사람은 윗사람을 (사랑하기보다는) 공경하는 편이 우리 정서에 맞을 것이다. 하지만 『성규』 전체를 볼 때 사랑은 상호적이다. 사랑은 내리사랑일 뿐 아니라 밑에서 위로도 올라간다. 베네딕도는 "형제들은 자기 아빠스를 진실하고 겸손한 애덕으로 사랑할 것이다"(72,10)라고 권고한다. 또 공경 역시 상호 공경을 말하고 있다. 72장에서는 "서로 공경하기를 먼저 하라"(72,4)고 한다. 이처럼 서로 공경하고 사랑하는 자세가 우리에게 아주 중요하다.

　베네딕도는 분명 사랑은 공경을 동반한다고 가르친다. 사랑과 공경은 함께 가는 것이다. 사랑 없이 어떻게 남을 공경할 수 있겠는가? 또 남에 대한 존중과 공경심을 드러내지 않는 사랑은 참된 사랑일 수 없다. 사랑하면 상대를 인격으로 대하고 존중하게 되어 있다. 인간 존엄성의 근거는 인간이 '하느님의 모상'Imago Dei으로 창조되었다는 데 있다. 따라서 지위 고하나 연령에 상관없이 모든 이를 공경하는 자세가 중요하다.

13-14절에서는 아빠스와 형제들의 관계가 언급된다. 여기서 아빠스의 명칭에 그리스도께 언급되는 '주님'Dominus이란 명칭이 부가된다. 아빠스는 그리스도의 대리자로 여겨지기 때문이다(2,2). 아빠스는 형제적 사랑의 상승 과정에서 하나의 수렴점이 된다. 그리스도께 대한 공경과 사랑이 그분을 대리하는 아빠스에게 주어지고, 결국 형제들은 아빠스를 통해 그리스도께 공경과 사랑을 드림으로써 그리스도께로 더욱 가까이 나아가게 된다.

그러면서 베네딕도는 다시 아빠스에게 이렇게 요구한다. 즉, 아빠스는 형제들로부터 받는 존경과 사랑이 자기가 잘나서이거나 또 직책상 당연히 받아야 하는 것이 아님을 명심해야 한다는 것이다. 그래서 베네딕도는 아빠스에게 이런 공경과 사랑을 받기에 '합당한 처신'을 요구한다(14절). 그러면서 아빠스는 자기 말과 행동으로 형제들에게 그리스도를 드러내라고 권고한다.

형제적 사랑으로 충만한 수도 공동체에서 오늘날 과연 이런 서열이 필요한가 하는 의문이 들 수 있다. 사실 엄격한 서열을 갖춘 공동체는 가정과 같은 포근한 이미지보다는 권위주의적 계급사회나 혼이 없는 메마른 집단의 이미지를 더 강하게 풍길 것이다. 그럼에도 불구하고 공동체 안에서 차례를 정하는 것은 다른 의미를 지니고 있다. 즉, 그리스도 안에서의 새로운 공동체, 새로운 가치 기준에 따른 삶을 표현하는 것이다.

그리스도를 중심으로 모인 새로운 신앙 공동체에서는 더 이상 세속적 가치 기준에 따른 차별이나 구분이 없어진다. 대신 수도생활을 시작한 때라는 일반 원칙과 생활의 공로라는 예외적 원칙이 제시된다. 전자가 '하느님께 먼저 돌아선 순서'라면 후자는 '하느님께 앞서 나아간 순서'다. 베네딕도는 수도생활에 나아가면 갈수록 우리 모습이 변화되어야 한다는 것을 강조한다. 이런 예외적 경우가 없다면 수도자들은 안주할 수 있다. 자극이 없게 되는 것이다. 그래서 선의의 경쟁이 필요하다. 누가 더 하느님께 나아갔느냐 하는 것이 중요하다. 이것이 바로 두 번째 기준이고, 신앙 안에서의 새로운 가치 기준인 것이다.

이런 새로운 가치 기준에 따라 차례가 정해진 공동체 안에서 구성원들 간의 상호 관계 역시 상호 사랑과 상호 공경이 지배하게 된다. 그 중심에는 아빠스가 있고 그 끝에는 그리스도가 있다. 이것이 바로 『성규』 63장이 가르치는 내용이다. 이처럼 차례에는 겉으로 볼 때와는 다른 깊은 의미가 담겨 있다.

공동체 안에서 누가 더 사랑과 우대를 받아야 하는가? 우리의 인간적 가치 기준은 기능적·효율적 측면을 많이 보게 된다. 반면 베네딕도나 복음의 가르침은 인간적 가치 기준과는 확연히 다르다. 그 기준은 누가 하느님께 더 나아가고자 노력하는가다. 한국 사회는 군대 문화, 유교 문화, 학교 문화에 상당히 물들어 있다. 그래서 고참과 졸병, 장유유서, 선후배 관계 같은 수직적·권위주의적 사고와 태도에 젖어 있다. 이런 생각과 자세가 수도 공동체에도 스며들 수 있다.

공동체 안에서 선배는 후배들이 본받고 따를 수 있는 모범을 보이는 것이 중요하다. 보이지 않는 희생을 다투어 행하려는 모습은 후배들에게 좋은 모범이 될 것이다.

수도 공동체의 활력은 바로 이런 데서 나온다. 이런 모습들은 공동체를 더 강하게 하고 결속시켜 줄 것이다.

2. 선한 열정(『성규』 72장)

이 장에는 『성규』에 나오는 핵심 내용들이 용광로처럼 녹아들어 있다. 72장과 73장을 보면 베네딕도의 오랜 체험이 배어 있음을 알 수 있다. 흔히 『성규』 72장을 베네딕도 영성의 절정이라고 표현하기도 한다. 여기서 베네딕도는 수도자에게 용기를 북돋고 사랑의 길로 나아가도록 부추긴다. 『성규』 72장의 화두가 되는 말마디는 공동체와 사랑이다. 공동체적 측면이 상당히 강조되는 이 장의 구조를 보면, 1-3절은 좋은 열정의 소개와 초대, 4-11절은 좋은 열정의 내용을 다룬다. 구체적으로 4-8절과 10절은 형제들을 향한 열정, 9절은 하느님을 향한 열정, 11절은 그리스도를 향한 열정을 다루며, 끝으로 12절은 좋은 열정의 결과를 제시한다.

4-8절에서 형제들을 향한 좋은 열정의 내용이 나오는데, 서로 공경하기를 먼저 하는 것(4절)이 맨 처음에 등장

한다. 공경하되 다투어 하라는 것이다.

　둘째는 육체나 품행상의 약점을 참아 주는 것(5절)이다. 이것은 분명 베네딕도의 개인적 경험에서 나온 것이다. 실제로 다른 사람들과 함께 살다 보면, 서로 다른 부분이 견디기 어려울 수 있다. 그래서 베네딕도는 '지극한 인내로'라는 최상급 표현을 사용한다. 공동생활에서 다른 형제의 인간적 약점을 견디는 것은 결코 쉬운 일이 아님을 잘 알았기 때문일 것이다. 이것을 참아 견디는 것이 바로 수행이다. 수도원은 천사들의 공동체가 아니다. 천사가 되고자 하는 사람들이 함께하는 곳이다. 또한 수도원은 수행의 장이다. 이런 관점에서 생각할 때 공동생활과 관계에서 오는 어려움들을 새롭게 바라볼 수 있게 된다. 결국은 나 자신과의 싸움이다. 하느님은 나를 단련시키시기 위해 이렇게 다른 사람들을 나에게 보내 주신 것이다.

　셋째는 서로 다투어 순종하는 것(6절)이다. 앞에서도 상호 순종을 이야기했지만, 이 장에서는 다투어 순종하라고 할 정도로 더 앞으로 나아가고 있다. 베네딕도에게 순종은 무엇보다도 중요하다. 앞서 보았듯이 베네딕도는 구원 여정에서 우리는 순종을 통해 하느님께 나아간다는 생각을 가지고 있었다.

넷째는 자기에게 유익한 것을 찾지 말고 다른 형제에게 유익한 것을 찾는 것(7절)이다. 이것은 결코 쉽지 않은 일이지만, 그리스도께 대한 사랑에 나아가면 갈수록 더 쉬워질 것이다.

끝으로 순수한 형제적 사랑을 드러내는 것(8절)이다. 순수하지 않은 형제적 사랑이 있을 수 있으니, 계산적이고 이기적인 사랑이 그러하다. 사랑은 어떤 전제나 조건이 있을 수 없다. 단순히 내어 주는 것이다. 사랑은 자기식의 일방적 사랑이 되어서는 안 되며, 조건이나 계산이 없는 세련된 사랑, 고객 만족(?)의 사랑이어야 한다.

여러 해 전, 로마 근교의 한 트라피스트 수도원에서 얼마간 지낼 기회가 있었다. 트라피스트 수도원 내에서는 거의 말을 할 기회가 없다. 보통 침묵 중에 생활한다. 어느 날 '스크립토리움'Scriptorium[8]에서 책을 찾고 있었는데, 노인 수사님 한 분이 필자가 찾고 있던 책을 조용히 가져

---

[8] 말 그대로는 기록실인데, 흔히 중세 유럽 수도원에서 필사본을 기록하고 복사하고 장식하던 방을 뜻한다. 오늘날에는 보통 도서실로 쓰이거나 개인 공부나 독서를 위한 공동방의 역할을 한다.

다주시기에 무척 놀라고 감사했던 기억이 난다. 이를 통해, 통교란 반드시 말을 통해서만 이루어지는 것이 아님을 알게 되었다. 침묵 중에 요란스럽지 않게 상대의 필요를 감지하여 묵묵히 채워 주는 것이 바로 세련된 사랑이자 고객 만족의 사랑일 것이다.

우리는 살아가면서 영적 감수성을 계발할 필요가 있다. 영적으로 민감해지면 일상에서 무심코 지나쳐 버리던 일이나 사건, 사물이 다르게 다가온다. 거기서 새로운 것을 보게 된다. 무의미한 것에서 엄청난 보화를 발견하게 되는 것이다. 진리는 분명 평범함 가운데 있으며, 우리가 찾고자 하는 보화는 일상 안에 묻혀 있다. 일상은 마치 질그릇과도 같고, 그 질그릇 속에 보화가 담겨 있는 것이다. 영적 감수성을 계발할 때 타성에 젖은 일상이 우리에게 새롭게 다가올 것이다. 우리 눈물샘이 마르지 않도록 하느님의 은총을 구해야 한다. 돌처럼 굳은 마음이 부드러워지고 따뜻해질 때 우리 일상 안에 계신 그리스도를 만나게 될 것이다.

10절은 장상에 대한 열정을 이야기한다. "자기 아빠스를 진실하고 겸손한 애덕으로 사랑하라"는 말에는, 앞서 언급한 상호 사랑이 잘 나타나 있다. 그러면서 먼저 아빠스에게 "아버지의 애정을 드러내라"(2,24), 그리고 "형제들을 사랑할 것이다"(64,11)라고 말한다. 이로써 그리스도 자체를 목적으로 하는 애덕 행위 안에서 형제들과 아빠스의 상호 사랑이 잘 표현된다.

9절은 하느님을 향한 내용으로서 "사랑으로 두려워하라"고 말한다. 우리가 알고 있듯이 하느님께 대한 두려움은 공포가 없는 경외심을 말한다. 요한 카시아누스는 이렇게 말한다. "사랑으로 충만한 두려움은 벌에 대한 두려움이나 보상에 대한 갈망에서 오는 것이 아니라 단지 크나큰 사랑에서 생겨난다. 이 때문에 벗들이나 신랑들은 상호 사랑에 조금이라도 상처를 낼까 두려워하는 것이다"(『담화집』 11,13).

11절은 규칙의 백미라 할 수 있다. "아무것도 그리스도보다 선호하지 말라"고 말하는 이 구절은 베네딕도 영성의 그리스도 중심성을 단적으로 드러내 준다. 『성규』 전체의 핵심도 이와 같으며, 모든 것이 이리로 수렴된다.

12절은 좋은 열정의 결과인데, 『성규』 전체의 결론과도 같다. "그리스도께서 우리를 모두 함께 영원한 생명으로 인도하실 것"이라는 것이다. 우리의 갈망, 우리의 목표는 영원한 생명에 나아가는 것, 하느님과의 일치로 나아가는 것이다. 여기서 의미심장한 표현이 나오는데, 곧 '우리를 모두 함께'nos pariter라는 구절이다. 이는 서원 때 제대에 바쳐진 사람들 가운데 아무도 잃지 않는 것을 뜻한다.

회수도생활은 '혼자'가 아니라 '함께' 영원한 생명으로 나아가는 삶이라 할 수 있다. 곧, 함께 가는 삶이다. 또 이 구절에서 주체의 변화가 나온다. 지금까지는 주어가 수도자들이었지만, 이 구절에서는 그리스도가 주어다. 지금까지는 수도자들이 능동적으로 열정을 키워 왔지만 마지막에는 수동적으로 그리스도에 의해 인도되는 것이 매우 의미심장하다. 하느님을 향한 우리 영적 여정의 초기에는 우리 스스로 악습에서 멀어지려는 능동적 열정이 필요하지만, 결국 이 여정은 우리 노력만으로 이루어지는 것이 아니라 그리스도 안에서 인도되는 여정인 것이다.

다음 그림에서 보듯이 공동체는 하나의 배와 같다. 그리고 이 배의 중심에는 선장, 즉 그리스도가 있다. 아빠스는 그리스도를 대리한다. 공동체 각 구성원은 모두 공동 운명에 처해 있다. 따라서 배가 난파되어도 함께 난파되고, 목적지까지 안전하게 도달해도 함께 도달하는 것이다. 이것이 공동체다. 그리스도를 중심으로 모인 구성원들이 모두 그리스도를 향할 때 공동체는 핵처럼 결속되어 영원한 생명으로 인도될 것이다. 구성원들이 그리스도로부터 멀어지면 공동체는 결속력 없는 모래알 집단이 될 것이다.

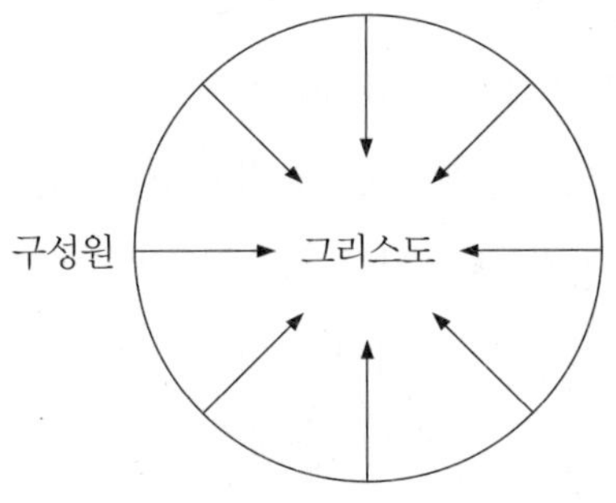

이것이 『성규』 전체의 가르침이다. 이처럼 모든 것이 그리스도를 향해 있다. 우리 각자는 그리스도를 바라본다. 그리스도 안에서 우리가 하는 모든 일과 행위와 삶의 의미를 발견하게 된다. 상호 순종, 상호 공경, 상호 사랑, 상호 봉사는 인간적 관점에서는 도저히 불가능하다. 하지만 그리스도께 대한 사랑 때문에 가능한 것이다.

관건은 우리 각자가 얼마나 그리스도를 향해 있는가, 내 삶이 나 중심, 자아 중심이 아니라 그리스도 중심이 되어 있는가다. 그리스도를 내 삶의 중심에 두고자 노력한다면 우리가 겪었던, 또 앞으로 겪게 될 모든 어려움은 다른 차원으로 받아들여지게 될 것이고 새로운 차원으로 승화될 것이다.

모든 것이 다 수행의 도구이자 스승이다. 받아들이기 힘든 사람, 부정적인 사건 자체도 나의 스승이 될 수 있다. 여기서 우리는 많은 것을 배우게 된다. 문제는 우리 자신이 부정적인 일들, 바람직하지 않은 행위들을 비판하면서 자신도 모르게 점차 닮아 간다는 것이다. 그래서 단절시켜야 한다. 좋지 않은 것, 부정적인 것이라고 판단되는 것은 절대 닮지 않으려는 고집이 필요하다. 수도생활은 고집이 있어야 한다고들 말한다. 남들이 다 간다고 해도 그 길이 옳지 않다면 나는 이 길로 가겠다는 고집이 필요하다. 이 고집은 남을 힘들게 하는 아집이 아니라 투철한 자기 확신, 굳은 의지를 의미한다. 스스로 보고 판단할 수 있는 주체 의식이 필요하며, 그 기준은 바로 복음 정신, 수도 정신이 되어야 한다.

이상이『성규』72장을 끝으로 규칙을 전체적으로 정리해 본 것이다. 결국 모든 것은 그리스도를 향해 있다. 베네딕도는 우리를 그리스도께 대한 사랑으로 몰고 있다. 그리스도께 대한 사랑 안에서 우리의 차이나 갈등, 이 모든 것이 다 용해된다. 그래서 "아무것도 그리스도보다 선호하지 말라"(11절)고 하는 것이다. 나의 삶이 과연 그리스도로부터 멀어지고 있는가, 아니면 그리스도를 향하여 나아가고 있는가 하는 것이 우리가 돌아보아야 할 점이다.

상호 순종에 관해 이야기하는『성규』71장은 앞에서 이미 살펴보았다. 이제 이 세 장(63, 71, 72장)을 중심으로 함께 사는 영적 기술들을 몇 가지 뽑아 볼 수 있다.

3. 함께 사는 기술

1) 상호 공경

이것은 조화로운 공동생활을 위한 중요한 영적 기술 중 하나다. 공동체 구성원이 서로 공경심을 가지고 서로를 존중하고 정중하게 대할 때 공동체는 갈등과 불목에서 평화와 일치로 나아가게 될 것이다. 하지만 상호 공경은 결코 쉬운 일은 아니다. 가정 공동체나 수도 공동체, 그 밖의 인간 공동체에서 서로를 공경한다는 것이 얼마나 힘든 일인지 우리는 경험으로 알고 있다. 상대방에 대한 공경심이나 존경심이 없기에 서로 무례히 대하게 된다. 종종 수도생활의 연륜과 상관없이 거칠고 무례한 수도자들 모습을 접하기도 한다. 교부들은 말한다, '수행은 분노에서 온유로 나아가는 과정'과도 같다고 ….

> 형제들 중 하나가 스케티스의 사제였던 이시도루스 압바에게 물었다. "악마들은 왜 당신을 그처럼 두려워하는 것입니까?" 이시도루스가 답했다. "수도승이 된 이래로 나는 내 입에서만큼은 분노가 솟아오르지 않도록 노력했소."(『교부들의 금언』 이시도루스 2)

교부들의 가르침, 특히 에바그리우스의 가르침에서 분노와 그 치료제인 온유가 상당히 강조된다. 그래서 우리의 수도 여정은 분노에서 온유로 나아가는 과정이라고까지 말한다. 에바그리우스는 "화를 잘 내고 격노하는 수도승보다 온유한 세속인이 더 낫다"(『수도승을 위한 권고』 34)고 하며, 또 "분노와 미움은 증오심을 키운다. 동정과 온유는 있는 증오심마저 감소시킨다"(『프락티코스』 20)고도 말한다. 또 다른 작품에서는 "온유한 신부가 성 잘 내고 뻔뻔스러운 동정녀보다 더 낫다"(『동정녀를 위한 권고』 45)고 말한다.

결혼한 여성들이 수도자들보다 원만한 경우를 종종 보게 된다. 부부는 살면서 서로의 장단점을 다 겪고 나중에는 미운 정 고운 정이 들면서 서로를 포용하게 될 수 있다. 반면 수도자는 오히려 옹졸해질 수 있다. 어린아이처럼 되라는 예수님의 가르침을 따르다가 자기중심적이고 유치한 어린이의 부정적 모습을 닮아 갈 수 있는 것이다. 하지만 예수님이 우리에게 권고하신 것은 어린이의 단순함이나 순수함 같은 긍정적 측면이다. 수도생활을 하면서 어린이의 유치함을 본받아 마음이 좁아지기보다는 더욱 너그럽고 온유해져야 한다.

에바그리우스는 어떤 악도 분노만큼 우리 정신을 악령으로 변형시키지 못한다고 말한다. 그만큼 분노는 우리를 해치는 위험한 것이다. 실제로 관상가의 탁월한 덕은 분노의 부재不在, 온유다. "기도는 분노의 부재와 온유의 싹"(『기도론』 14)이다. 그러면서 온유는 '강한 자의 최고 덕'이라고 에바그리우스는 말한다. 그는 성경에서 온유의 모델을 제시하는데, 곧 모세와 다윗, 그리스도다. 모세는 온유 덕분에 하느님과 피조물에 대한 인식*gnosis*에 참여하게 되었다고 그는 말한다. 그만큼 분노의 다스림과 온유는 중요하다. 나이에 상관없이 우리에게 가장 힘든 것은 분노를 다스리는 일이다. 분노가 우리 정신을 계속 흩뜨려서 정신이 순수한 기도로 나아가지 못하게 한다. 이 분노를 조장하는 것이 바로 악령이다. 에바그리우스는 우리를 공격하는 사람, 화나게 하는 사람이 있다면 기도 전에 어떤 식으로든 화를 풀라고 말한다(『기도론』 21 참조). 분노는 우리 영혼을 황폐화하고 파괴한다.

그리스도는 온유한 분이다. 온유만큼 그리스도를 잘 나타내는 특성도 없다. 우리의 첫 번째 과제는 그리스도의 온유한 제자가 되는 것이다. 그러나 분노에서 온유로 나아가는 여정은 결코 쉽지 않다. 그리스도를 닮은 온유한 자가 되지 못할 때 우리는 하느님과의 참된 대화와 일치로 나아가지 못한다는 것을 기억해야 한다.

이런 면에서 볼 때 수도생활을 하면서 무례하고 거칠어진다는 것은 우리가 수행의 길을 역행하고 있다는 반증이 될 수 있다. 상호 공경은 어려운 일이지만 이것을 가능하게 하는 것은 바로 그리스도께 대한 사랑이다. 우리가 공경하는 궁극적 대상은 바로 그리스도이기 때문이다.

2) 상호 사랑

두 번째는 상호 사랑이다. 사랑은 공경과 깊이 연결되어 있다. 어찌 보면 상호 공경과 상호 사랑은 지나간 옛말처럼 느껴지기도 한다. 수도생활을 하면서 온유까지 나아가지는 못하더라도 무례로 나아가서는 안 된다. 우리 안에 공경 대신 무례가, 사랑 대신 증오가 팽배할 때 베네딕도 성인의 가르침은 다음과 같이 변질될 수 있을 것이다. "우리는 수도생활에 나아가면 갈수록 말할 수 없는 미움(↔ 사랑)의 감미로 마음이 좁아져(↔ 넓어져) 하느님의 계명 길을 거슬러(↔ 달려) 가게 될 것이다"(머리말 49 참조).

3) 상호 순종

앞서 제2장에서 『성규』 71장을 다루면서 상호 순종을 일상생활에서 어떻게 적용할 수 있는지를 살펴보았다. 순종의 핵심 요소에서 우리는 상호 순종을 위한 구체적 예를 뽑아 볼 수 있다. 즉, 침묵 중에 상대방의 말을 경청하는 것, 서로에게 애덕을 베푸는 것 등이 그러한 상호 순종의 모습일 것이다. 그리고 겸손한 자세를 들 수 있다. 겸손은 하느님과 자기 자신에 대한 정확한 인식에서 나온다. 그리하여 상대방을 대할 때 있는 그대로 바라보고 받아들이게 되는 것이다.

4) 상호 봉사

끝으로 상호 봉사를 들 수 있다. 이것은 상호 공경, 상호 사랑, 상호 순종의 자세에서 자연스럽게 얻어지는 결과라 할 수 있다. 주방 봉사에 대한 『성규』 35장에서 베네딕도는 말한다. "형제들은 서로 봉사해야 한다"(35,1). "사랑으로 서로 봉사할 것이다"(35,6). 이런 의미에서 봉사는 공경, 사랑, 순종의 구체적 표현이라 할 수 있다.

이 모든 것은 다 그리스도론적 동기를 가지고 있다. 공동체 안에 희생과 봉사의 정신이 없다면 그 공동체는 참으로 삭막할 것이다. 공동체라기보다는 오히려 기숙사처럼 느껴질 것이다. 자기 것만 챙기려 하는 이기주의와 개인주의가 팽배한 공동체는 분명 진정한 그리스도교 공동체라 할 수 없다. 서로를 위한 희생과 봉사는 지나간 옛말처럼 들리지만 공동체에 참다운 활기를 불어넣어 주고, 개인주의와 이기주의를 몰아낼 것이다.

우리는 개인적으로는 약하다. 누구에게나 채워져야 할 여백이 있다. 이런 여백을 서로가 채워 줄 때 우리는 하나로서 베네딕도가 말하는 가장 강한 수도자(1,13)가 될 것이다. 그때 공동체생활은 걸림돌이 아니라 우리를 하느님께 나아가게 해 주는 디딤돌이 될 것이다.

우리 모두는 하느님의 선물이다. 공동체에서 살다 보면 종종 이런 의문이 들 때가 있다. '하느님은 왜 나하고 맞지 않는, 내가 싫어하는 저 사람들을 함께 살도록 불러 주셨는가? 왜 이들을 이곳에 보내 주셨는가?' 이것은 정말 이해되지 않는 하나의 신비다. 나와 함께 사는 사람들은 분명 내가 선택한 사람들이 아니다. 그들은 하느님이 선택한 사람들이다. 거기에는 나를 위한, 우리 각자를 위한 어떤 이유가 있다. 우리는 그 이유를 발견해야 한다.

나와 함께 사는 사람들은 모두 하느님의 선물들이다. 마음을 열고 이 선물들을 새로운 눈으로 바라볼 때 우리는 엄청나게 풍요로워질 수 있다. 그리스도를 따르는 우리 삶은 적자 인생임을 명심해야 한다. 결코 본전 생각을 하면 안 된다. 본전 생각을 하면 절대 그리스도의 길을 따를 수 없다. 그리스도를 따르는 길은 바보의 길이다. 낮아짐으로써 올라가고, 자기 생명을 내어 줌으로써 얻는 역설의 길이기 때문이다. 이 길은 사랑 없이는 도저히 갈 수 없는 길이기에 결국 사랑의 길이라 할 수 있다. 사랑의 길은 모든 악의 뿌리인 '자기애'philautia로부터 자유로워지는 길이다. 즉, 거짓나僞我에서 참나眞我를 찾아가는 여정과도 같다. 그러므로 우리는 진정 베네딕도의 다음 말씀을 있는 그대로 실천하고자 노력해야 하겠다.

진정 우리가 수도생활과 신앙에 나아갈 때, 우리는 말할 수 없는 사랑의 감미로 마음이 넓어져 하느님 계명 길을 달려가게 될 것이다(머리말 49).

제8장 베네딕도 성인의 인격

이 장에서는 『성규』에 나타난 베네딕도의 인격적 면모[9]를 살펴보고자 한다. 베네딕도는 철저히 자신을 감춘 분이다. 그래서 그레고리우스 1세 교종의 『대화집』이 아니었더라면 베네딕도는 영원히 역사 속에 묻혔을 것이라는 말이 있다. 베네딕도는 실제로 『대화집』 제2권을 통해 세상에 알려졌고, 그가 쓴 규칙을 통해 역사 속으로 들어왔다고 할 수 있다. 하지만 제삼자가 쓴 『대화집』만으로는 베네딕도의 인격적 면모를 정확히 알 수 없다. 베네딕도가

____

[9] 허성석 「성규를 통해 본 베네딕도 성인의 인격적 면모」 『코이노니아』 제35집 (2010) 7-22 참조.

직접 쓴 규칙을 통해서만 그가 어떤 분이었는지 제대로 드러난다. 『성규』에서 드러난 베네딕도의 인격적 면모를 다음 일곱 가지로 뽑아 볼 수 있다. 즉, 이상주의, 현실주의, 낙관주의, 중용, 인본주의, 전통주의, 본질 지향이다.

<h3 style="text-align:center">1. 이상주의</h3>

베네딕도는 무엇보다도 이상주의자였다. 그에게는 당시 수도생활이 상당히 쇠퇴해 있었다는 의식이 있었다. "게으른 우리는"(18,25), "우리 시대 수도승들에게는 이것을 납득시킬 수 없기 때문에 …"(40,6). 그럼에도 불구하고 그는 항상 수도자들이 나아가야 할 이상과 방향을 제시해 주고 그리로 나아가도록 고무한다.

우리는 『성규』 여러 구절에서 베네딕도의 이상주의적 면모를 쉽게 접하게 된다. 먼저 시편 낭송 순서에 대해서 말하는 『성규』 18장 마지막 절에서 그는 이렇게 말한다. "우리의 거룩한 교부들은 하루에 부지런히 이것을 다 바쳤다고 한다"(18,25). 이것은 수도자가 나아가야 할 이상이다. 파문당한 이에 대한 아빠스의 염려에 대해 다루는

『성규』 27장에서는 "아빠스는 자기에게 맡겨진 양들 가운데 하나도 잃지 않기 위해 큰 관심을 가지고 온갖 주의와 열성을 다해야 한다"(27,5)고 권고한다. 여기서 베네딕도는 교정의 목적을 제시한다. 즉, '맡겨진 양들 중 하나도 잃지 않는 것'이다. 현실적으로는 분명 쉽지 않을 것이다. 하지만 이것은 교정이 지향하는 이상이다. 또 음료의 분량에 대해 이야기하면서 "포도주는 전혀 수도승을 위한 것이 아니다"(40,6)라는 포이멘 압바의 말을 인용한다. 또 사순 시기를 규정하는 『성규』 49장에서도 "수도승의 생활은 언제나 사순 시기를 사는 것과 같아야 할 것이다"(49,1)라고 말하며, 수도자가 한결같이 추구해야 할 이상을 제시한다. 이 밖에도 여러 곳에서 이런 면모가 드러난다. "형제들은 서로에게 봉사해야 한다"(35,1). "수도승들이 밖에 나돌아 다닐 필요가 없게 할 것이니, 이는 그들의 영혼에 전혀 유익하지 않기 때문이다"(66,7). 수도자는 서로 봉사해야 하고 항상 봉쇄 구역에 머물러야 한다는 것이 베네딕도가 생각하는 이상이었을 것이다.

이처럼 베네딕도는 당시의 쇠퇴한 상황에도 불구하고 늘 수도생활의 이상을 놓지 않고 그 이상을 향해 나아가

고자 했던 이상주의자였다. 하지만 여기서 끝나면 안 된
다. 다시 현실로 돌아오는 것이 중요하다.

2. 현실주의

두 번째는 현실주의적 면모다. 선행의 도구에 대해 말하
는 『성규』 4장 마지막 절에서 베네딕도는 이렇게 말하고
있다. "우리가 이 모든 도구를 부지런히 사용할 작업장은
수도원의 봉쇄 구역과 공동체 안에서의 정주다"(4,78). 그
는 『성규』 4장과 병행되는 『스승』 3장 84-94절의 종말론
적 현시를 생략한 채 지상에서 시작하여 지상, 즉 수도원
에서 끝을 맺는다. 베네딕도는 구체적으로 이 땅에 발을
딛고 있다. 또 『스승』에서는 영적 완성이 현세에서가 아
닌 장차 올 내세에서 실현된다고 보는 반면, 베네딕도는
수도생활은 '여기서 지금'Hic et Nunc 그 결실을 낳아야 한
다는 생각을 가지고 있다. 이런 점에서 베네딕도는 상당
히 현실주의자였다.

『성규』 18장에서 베네딕도는 시편 낭송과 관련한 교부
들의 예를 이상으로 제시한 후 곧바로 "그러니 게으른 우

리는 한 주간에라도 그것을 완수할 수 있도록 노력하자"(18,25)고 말한다. 이처럼 그는 현실을 수용하고 거기서 출발한다.

『성규』 27장에서 교정의 이상을 제시한 후 28장에서는 현실을 고려한다. 즉, 온갖 노력을 다해도 고쳐지지 않을 경우에는 절단의 칼을 사용하라고 한다(28,6 참조). 그 이유는 "병든 한 마리 양이 양 떼 전체를 전염시키지 못하게 하기 위함"(28,8)이라고 말한다.

음료의 양을 규정하는 『성규』 40장에서도 마찬가지다. 즉, "포도주는 수도승에게 적합하지 않다"는 이상을 제시한 후 다음과 같이 말하며 즉시 현실을 고려한다. "그렇다 하더라도 약한 이들의 연약함을 고려하면서 각 사람에게 하루 한 헤미나의 포도주면 충분하리라고 믿는다"(40,3). 현실에 대한 이런 이해와 수용이 없다면 우리 삶은 삭막해질 수 있다. 이런 점이 베네딕도의 매력이다. 이는 마치 출구 전략과도 같다. 약한 이들을 위해 여백을 남겨 두는 것도 지혜가 아닐 수 없다.

사순 시기에 관한 규정에서도 베네딕도의 현실주의적 면모가 잘 드러난다. "수도승의 생활은 언제나 사순 시기를 사는 것과 같아야 할 것이다. 하지만 이러한 능력은 소수에게만 있기 때문에 우리는 이 사순 시기 동안 자기 생활을 최대한 청정하게 유지하고, 동시에 다른 때에 소홀히 했던 모든 것을 이 거룩한 시기에 씻어 내기를 권고하는 바다"(49,1-3). 상당히 매력적인 부분이다.

이 외에도 주간 주방 봉사에 관한 『성규』 35장에서 상호 봉사의 이상을 제시한 후 상황에 따라 예외를 둔다. "만일 누가 병들었거나 수도원의 어떤 중요한 일 때문에 바쁜 경우, … 만일 공동체가 클 경우, 당가와 위에서 말한 바와 같이 더욱 중요한 직무를 맡은 사람들은 주방 봉사에서 제외되어야 한다"(35,1.5). 이런 예외가 없다면 정말 숨이 막힐 것이다. 규칙이란 획일적으로 적용되어서는 안 된다. 획일주의에 빠지면 아주 위험하다.

지혜로운 의사는 같은 병을 앓고 있더라도 환자의 체질이나 상태에 따라 다르게 처방을 해 준다. 이를 '응병여약'應病與藥이라 한다. 마찬가지로 영적인 의사도 획일적으로 처방하지 않는다. 이것을 우리는 차별이라고 착각할 수 있다. 공동체에는 강한 사람이 있는가 하면 약한 사람도 있다. 공동체는 살아 있는 유기체다. 똑같은 능력과 성격을 가진 로봇들로 이루어진 단체가 아니다. 장상은 적어도 각 사람의 고유성, 상태, 능력에 대해 주의 깊게 파악해야 한다. 그래서 장상의 역할이 힘든 것이다. 영혼들을 돌보는 이런 세심한 주의가 장상에게 요구된다. 베네딕도는 이런 감각이 대단히 뛰어났던 분이다. 사람들이 상심하지 않나 늘 노심초사한다.

매일의 육체노동에 관한 『성규』 48장에서도 우리는 베네딕도의 현실주의적 면모를 보게 된다. 『스승』의 경우 묵상에 방해되기 때문에 육체노동을 허용하지 않는다. 반면 베네딕도는 당시 자기 공동체의 어려운 현실을 받아들여 필요한 노동을 받아들이면서, 일과 시간도 상황에 따라 융통성을 부여하여 조정한다.

베네딕도는 『성규』 66장에서 수도자가 밖에 나돌아 다니는 것은 영혼에 유익하지 않다고 말한 후 바로 다음 장(67장)에서는 여행에 대해서 규정한다. 이는 불가피한 경우가 있을 수 있는 현실을 수용한 것이다. 이처럼 베네딕도는 인간의 구체적 현실을 수용하고 있으며, 바로 이러한 자세에서 융통성과 유연성이 나온다.

3. 낙관주의

규칙을 통해서 보면 베네딕도는 사람이나 세상에 대해 상당히 긍정적인 견해를 가지고 있음을 볼 수 있다. 수도 전통이나 『스승』을 보면 세상에 대한 부정적 견해가 드러나는 곳도 있다. 이 세상은 악마가 득실거리는 곳이기에 수도자는 수도원 안에 숨어 있어야 한다는 부정적·폐쇄적 생각이 있었던 것이다. 반면 베네딕도는 하느님이 창조하신 세상을 긍정적으로 보았고, 그래서 세상을 향해 문을 활짝 열어젖힌다. 우리는 『성규』 여러 곳에서 이런 모습을 볼 수 있다. 세상에 대해 긍정적 견해를 보이는 대표적 장은 "수도원을 방문하는 모든 사람을 그리스도처럼 맞이하라"(53,1)는 53장이다.

베네딕도가 경계하는 것은 우리를 죄와 죽음으로 이끄는 세속적 가치들이란 의미로서의 세상일 뿐이다. 베네딕도는 결코 세상을 혐오하는 염세주의자가 아니었다. 수도자들 가운데 이런 염세주의적 경향이 있을 수 있다. 수도 생활의 동기가 세상에 대한 혐오에서 비롯될 수 있는 것이다. 물론 동기가 점차 정화되기는 하지만, 우리가 경계하고 거부하는 것은 세상 자체라기보다는 오히려 세속적 가치들이다.

베네딕도는 또 사람에 대해서도 큰 신뢰를 보인다. 『성규』 4장 8절에서 "모든 사람을 공경하라"고 하는데, 이는 『스승』의 병행 구절에 나오는 '네 부모'를 '모든 사람'으로 바꾼 것이다. 이로써 보편적 사랑을 드러낸다.

『성규』 53장 2절에서도 사람들에게 '합당한 공경'이라는 표현을 사용한다. 그리스도께서 모든 사람 안에, 특별히 병자(36장)와 노약자(37장), 가난한 이(53,15; 66,3), 사회적 약자(53,15), 하느님의 사람(53,2) 안에 현존하신다고 믿었다. 그래서 수도원을 방문하는 모든 이를 그리스도처럼 맞이하라(53,1)고 권고한다. 베네딕도는 하느님의 일을 통해서만이 아니라 사람들을 통해서도 우리가 그리스도의 현존을 체험하고 그분을 만날 수 있다고 생각했다. 사람은 우리가 그리스도의 현존을 체험하는 또 다른 성전인 것이다.

사람에 대한 신뢰는 『성규』 3장에서도 잘 나타난다. 베네딕도는 아빠스에게 형제들의 의견을 잘 들으라고 한다. 원래 수도 전통에서 스승은 가르치며 명령하는 사람이고,

제자는 전적인 순종으로 가르침을 듣고 따르는 사람이다. 그래서 우리는 영원한 제자다. 제자이기를 포기한다면 우리는 더 이상 그리스도인이 아니다.

우리는 영원한 그리스도의 제자로 남아 있어야 한다. 이는 항상 듣는 자라는 뜻이다. 우리가 이런 자세로 살아간다면 분명 사람들과의 관계도 달라질 것이다. 우리는 모든 것을 스스로 잘 안다고 생각한다. 그래서 항상 서로 부딪힌다. 하지만 배우려는 제자의 자세로 머문다면 분명 다른 사람 안에서 배울 점을 찾을 수 있다. 이것도 우리의 근본 자세 중 하나다.

수도자는 듣는 자라 한다. 3장에서 어린 형제들의 의견까지 들으라고 하는 것은 사람에 대한 신뢰를 잘 드러내 준다. 『성규』 64장에서 아빠스 선출권을 공동체에 부여한 것도 획기적인 변화다. 이것은 공동체에 대한 신뢰를 전제하는 것이다. 수도 전통에서 아빠스는 직접 자기 후계자를 지명했다. 하지만 베네딕도는 자기 수도자들을 어린아이로 간주하지 않았다. 그들을 하나의 인격으로 대한다. 이런 모습들은 사람에 대한 신뢰와 존경심을 간접적으로 보여 주는 좋은 예다.

4. 중용

네 번째는 중용의 면모다. 베네딕도는 모자람도 지나침도 없으며, 어느 한쪽에 치우치지 않은 채 늘 균형과 조화를 유지하려고 노력하는 중용의 인물이었다. 그는 상당한 분별력의 소유자였음이 분명하다. 그레고리우스 1세 교황은 자신의 『대화집』 제2권에서 베네딕도를 '탁월한 분별력'을 지닌 인물로 묘사한다(『대화집』 II,36 참조). 베네딕도는 분별력을 '덕행의 어머니'(64,19)로 표현하며, 이것을 아빠스가 지녀야 할 가장 중요한 자질 중 하나로 제시한다(64, 17 참조). 아빠스는 분별력을 가지고 모든 일을 절제 있게 행해야 한다고 권고한다(64,17.19 참조). 이처럼 중용과 분별, 그리고 절제는 베네딕도 성인을 특징짓는 모습이라 할 수 있다.

『성규』에서 중용의 모습을 드러내는 대표적인 부분은 각 사람의 상황과 입장에 따라 그에 맞는 권고를 하는 데서도 잘 드러난다. 특히 『성규』는 상반된 논리가 성립 가능한 서로 반대 입장에 있는 사람들에게 적절한 권고를 한다. 예컨대, 당가의 자질에 관해 언급하는 『성규』 31장에서 베네딕도는 이렇게 말한다. "만일 공동체가 크면 당가에게 보조자들을 주어 그들의 도움으로 그 자신이 평온한 마음으로 자기에게 맡겨진 임무를 다하게 할 것이다"(31,17). 당가도 힘들 수 있기 때문에 베네딕도는 양쪽을 모두 다 고려하여 배려한다.

또 『성규』 36장에서는 "병든 형제들 자신은 하느님에 대한 존경에서 자기가 봉사받는다는 점을 명심하여 지나친 요구로 자기에게 봉사하는 형제들을 근심시키지 말아야 한다"(36,4)고 말한다. 그 외에 주간 주방 봉사자(35,3.12-13 참조)와 주간 독서자(38,10 참조), 그리고 손님을 위한 주방 봉사자(53,17-18 참조) 등 형제들과 손님들에게 봉사하는 형제들에 대한 배려도 아끼지 않는다. 이 봉사들은 힘든 소임이기에 교만해질 수 없다. 그래서 특별히 이들이 근심에 빠지지 않도록 배려하는 것이다. 이처럼 상호 배려를 하는 것이 특징이다.

베네딕도는 하나의 규정을 모든 이에게 획일적으로 요구하지 않는다. 이것은 우리가 일상에서 주의 깊게 봐야 할 부분이다. 그는 대상과 상황에 따라 규정을 다르게 적용한다. 예를 들어 강한 이와 약한 이에 대한 규정에서 차

별을 둔다(참조: 34,3-4; 36,8-9; 39,10-11; 48,24; 64,19). "강한 이는
더 나아가기를 갈망하게 하고 약한 이는 물러나지 않게
할 것이다"(64,19)라는 구절이 좋은 예다. 한마디로 갈대를
꺾지 말라는 것이다. 기를 써서 녹을 지우려다 그릇을 깰
수 있다는 것이다. 그래서 약한 이는 위로하고 격려하면
서 앞으로 나아갈 수 있도록 하고, 강한 이 역시 안주하지
않고 앞으로 더 나아갈 수 있도록 분발시킨다. 이것이 베
네딕도의 특징이다.

이 외에도 『성규』 34장에서 각 사람에게 필요에 따라
나누어 주라고 한 것도 한 예다. 모두의 필요가 다르기 때
문에 많이 필요한 이는 더 받을 수 있고, 적게 필요한 이
는 덜 받을 수 있는 것이다. 여기서 흥미로운 점은 많이
필요한 사람은 자신의 약함에 대해 겸손해야 하고, 적게
필요한 사람은 오히려 감사하라고 하는 점이다. 우리와는
생각 자체가 다르다.

이상을 토대로 볼 때 베네딕도는 어느 한쪽에 치우치지
않는 모습을 보여 준다. 이것은 삶의 체험에서 나온 지혜
로움이 아닐 수 없다. 베네딕도는 중용의 정신으로 시대
와 장소, 상황과 대상에 따라 적용할 수 있는 많은 가능성

을 열어 놓았다. 바로 이러한 융통성과 개방성으로 인해
『성규』는 시공의 한계를 뛰어넘어 여러 새로운 상황에서
적용이 가능했던 것이리라!

5. 인본주의

『성규』여러 곳에서 베네딕도는 인간에 대한 이해가 대단
히 깊은 분이었음이 드러난다. 『성규』 34장 2절에 "이 말
로 우리가 (그런 일은 결코 있어서는 안 되는) 사람을 차
별하라고 말하는 것이 아니라, 오히려 연약함을 고려하라
는 말이다"라는 내용이 나온다. 그는 여러 곳에서 인간
본성에 대해 자주 이야기한다. 『성규』 36장 6절에서도
"아빠스는 병든 형제들이 어떤 소홀함으로 불편을 겪지
않도록 각별히 주의를 기울여야 한다" 하고, 노인과 어린
이에 대한 37장에서도 "그들의 연약함을 항상 고려하여
어떤 식으로든 음식과 관련된 규칙의 엄격함을 그들에게
요구하지 말 것이다"(37,2)라고 말한다. 이처럼 베네딕도
는 약한 이와 병자들, 근심 중에 있는 사람들에 대한 세심
한 주의와 배려를 아끼지 않는다.

또 한 가지 특징은, 베네딕도는 형제들이 근심과 슬픔에 빠지는 것을 잘 못 견디는 것처럼 보인다는 점이다.[10] 여러 곳에서 형제들을 슬픔에 빠지지 않게 하려는 베네딕도의 노력들이 나온다. 파문당한 형제에 대한 아빠스의 배려를 언급하는 『성규』 27장에서 그는 말한다. "과도한 슬픔에 빠지지 않도록 그를 격려하게 할 것이다"(27,3). 또 "당가는 형제들을 상심시키지 말 것이다. 만일 어떤 형제가 혹시라도 당가에게 부당한 요구를 할 경우 무시함으로써 그를 상심시키지 말고 … 하느님의 집에서 아무도 근심하거나 상심하지 않게 할 것이다"(31,6.7.18)라고 권고한다. 이 외에도 『성규』 여러 곳에서 우리는 이러한 예를 볼 수 있다(참조: 34,3; 35,3; 36,4; 48,7; 54,4).

이처럼 베네딕도는 인간에 대한 감각과 각 개인의 차이점에 대한 감각을 지니고 있었음이 분명하다. 그는 인간과 사물에 대한 깊은 통찰력을 소유했던 것 같다. 그래서 그의 강조점은 늘 사물이 아닌 사람이었다. 이것은 『성규』 2장에서 잘 드러난다. 아빠스는 일차적으로 영혼들을

---

[10] 마리아 라르먼 「성규 안에서 Contristare와 Tristitia: 공동체와 사기에 대한 언급」 허성석 옮김 『코이노니아』 제35집 (2010) 91-112 참조. .

돌볼 임무를 맡았기 때문에(2,34) 지상 사물에 너무 신경을 쓰느라고 영혼들의 구원 문제를 소홀히 하지 말라고 권고한다(2,33). 베네딕도의 첫 번째 관심사는 영혼의 구원이었다. 따라서 그는 아빠스의 가장 중요한 임무는 바로 영혼들을 돌보는 일임을 분명히 한다.

또 『성규』 57장에서는 현실에서 충분히 일어날 수 있지만 실행하기는 쉽지 않은 일이 언급된다. 즉, 만일 수도원의 장인이 교만해질 경우 그에게 그 일을 그만두게 하라고 권고한다(57,2-3). 이것은 분명 쉽지 않은 일이다. 그럼에도 불구하고 베네딕도는 왜 이런 권고를 하는가? 그에게 우선적인 일은 영혼의 구원이었기 때문이다.

서원 예식에서도 인간 본위의 정신이 잘 드러난다. 『성규』 58장에서 수련자는 청원 증서를 작성하여 제대 위에 올려놓는다(58,19-20). 『스승』에서는 청원 증서petitio 대신 재산목록donatio을 제단 위에 갖다 놓는다(87,35). 베네딕도에게는 사람이 재물보다 더 중요하다는 점을 단적으로 드러내 주는 장면이다. 이런 점에서 볼 때 베네딕도는 인간을 중심에 두었던 인본주의자였음이 분명하다.

6. 전통주의

베네딕도는 늘 자신의 가르침을 성경과 교부들의 가르침을 근거로 삼는다. 일례로, 병자들에 대한 장(36장)이나 손님 환대에 대한 장(53장)에서 그 근거를 최후 심판에 대해 언급하는 마태오 복음서 25장에 두고 있다. 수도원 재산에 대해 다루는 『성규』 33장과 34장에서도 성경과 교부들의 가르침에 근거를 둔다. 이처럼 베네딕도는 성경과 교부들의 전통에 깊이 뿌리를 두었던 전통주의자였음이 분명하다. 하지만 그가 단순히 전통을 반복하지는 않았다는 데 그 특징이 있다. 베네딕도는 개인적 체험을 바탕으로 전통적 가르침을 재통합하여 적용한다. 베네딕도 규칙을 흔히 동·서방 전통의 보고寶庫라고 한다. 실제로 동·서방의 모든 수도 전통이 용광로처럼 그 안에 녹아 있다.

7. 본질 지향

마지막은 본질 지향적 면모로서, 이는 아주 중요하고 멋진 면모다. 대표적인 장이 『성규』 72장이다. 이 장에서는 더 이상 규칙에 대한 언급이 없고 그 대신 사랑이 강조된다. 이제는 규칙이 아닌 사랑이 중심에 놓인다. 사랑은 바로 규칙이 지향하는 목표이자 복음과 성경 전체가 가르치는 핵심이기 때문이다. 베네딕도는 규칙을 저술하면서도 이 점을 잊지 않고 마지막에는 본질과 핵심으로 돌아간다. 규칙은 그 자체로 의미가 있는 것이 아니라 사랑의 완성을 위한 하나의 수단이라는 생각을 가지고 있었기 때문이다. 마치 예수께서 "안식일이 사람을 위하여 생긴 것이지, 사람이 안식일을 위하여 생긴 것은 아니다"(마르 2,27)라고 하신 것과 같다.

자칫 잘못하면 우리는 일상에서 주객전도의 우를 범할 수 있다. 우리가 정한 규정들이 시간이 지나면서 점차 절대화되고 주인의 자리를 차지하게 되는 것이다. 그래서 항상 어떤 규칙이나 규정이 지향하는 정신을 향하지 않으면 우리는 핵심에서 벗어나게 된다. 핵심을 벗어나게 되면 그것은 사람을 옥죄고 죽이는 차꼬로 둔갑하고 만다. 법이나 규칙은 살아 있어야 한다. 어느 영화에서 법률가가 이런 말을 했다. "법 안에는 정의가 없다." 법이 남용되는 경우가 많기 때문이다. 법을 전공한 사람이 오히려 무법자가 될 수 있다. 법을 피해 간다는 의미에서다.

어쨌든 우리가 본질과 핵심을 벗어나게 되면 부차적인 것, 다시 말해 객이 주인이 되어 우리의 상전 노릇을 하게 된다. 베네딕도는 결코 주객전도의 우를 범하지 않았다. 『성규』 마지막 장과도 같은 72장에서 우리는 이 점을 잘 볼 수 있다. 여기서는 규칙이 사라지고 사랑이 살아 숨 쉰다. 우리가 지금껏 규칙을 지킨 것은 바로 사랑을 위한 것이라는 의미다.

베네딕도는 우리가 무엇을 해야 하는가 하는 내용보다도 그것을 행하는 방법과 자세에 더 관심을 쏟는다. 따라서 '하느님의 일'을 규정(8-18장)하되, 예식과 예절들에 대해서는 많이 줄이고 오히려 기도를 위한 내적 자세를 더 강조한다(19-20장). 우리는 다음의 유명한 구절을 기억한다. "우리 정신이 우리 목소리와 조화되도록 그렇게 시편을 낭송할 준비를 갖추도록 하자"(19,7). 이것이 바로 우리의 내적 자세다.

베네딕도는 자잘한 외적 행위보다는 정신과 자세를 더 중요시한다. 그래서 『성규』 안에서 우리는 그렇듯 많은 융통성과 여유를 접하게 되는 것이다. 『성규』 53장에서도 이런 면모가 드러난다. 베네딕도는 손님 환대를 위해서, 엄격한 삶의 필수 요소 중 하나인 단식을 중단하도록 하고 있다(53,10). 여기서 우리는 최상의 계명인 애덕이 단식보다 더 중요하다는 것을 볼 수 있다.

사막 교부들을 보면, 그들은 하루 한 끼 식사하며 최소한의 것으로 생활했지만, 손님이 오면 잔치를 베푼다. 단식 규정을 깨고 손님을 환대하며 함께 기쁨을 나누는 것이다. 한 교부의 영웅적 금욕 수행에 대한 소문을 듣고 찾아온 손님이 단식을 지키지 않는 그 교부에게 실망했다는 일화도 있다. 하지만 교부들은 손님 환대를 위해 단식을 중단할 경우 두 가지 덕을 실천하는 것이라고 말한다. 즉, 그것은 '애덕 실천'이자 '자기 뜻의 포기'라는 것이다. 이 또한 우리로 하여금 '핵심'이 무엇인가를 되새기게 한다.

전례 안에서도 바꿀 수 없는 본질적 요소가 있는가 하면 상황과 대상에 따라 변경 가능한 요소가 있다. 이것을 제대로 구분하지 못하면 전례의 본질이 변질되거나 예식주의와 형식주의에 빠질 수 있다. 베네딕도는 이 점을 잘 알고 있었던 것 같다. 그는 변경 가능한 부수적 요소들은 융통성 있게 바꾸고 새로운 요소를 자유롭게 도입하여 다양성과 균형을 유지한다. 이는 전례에 보다 능동적으로 참여하도록 유도하기 위한 것이다. 그리하여 이런 자유로운 태도가 나올 수 있는 것이다. 이 점은 특히 『성규』 18장에서 잘 나타난다.

> 만일 누가 이 시편 배열을 마음에 들어 하지 않는다면 그가 더 낫다고 판단하는 대로 다르게 배열할 것이다. 다만 어떠한 경우든 매 주간 시편 150편 전체를 노래해야 하며, 주일 밤기도에는 항상 처음부터 다시 시작해야 한다는 사실에 주의해야 한다(18,22-23).

여기서 우리는 바꿀 수 없는 요소와 변경 가능한 요소가 동시에 제시되고 있음을 볼 수 있다.

먼 곳에서 일하거나 여행하는 형제에 관한 『성규』 50장에서도 베네딕도의 이런 면모가 잘 드러난다. 베네딕도는 먼 곳에서 일하는 관계로 제시간에 성당에 올 수 없는 형제에게 일터에서 시간경을 바치도록 허용한다(50,1.3). 『스승』은 성당에서 50보 이상 떨어진 곳에서 일하는 형제에게만 관면을 주는 반면, 베네딕도는 하나의 단순한 원칙으로 줄여, 할 수 있는 대로 하라고 한다(50,4). 베네딕도에게 본질적인 것은 시간경을 거행하는 장소라기보다는 바로 그것을 거행하는 행위 자체였다. 이처럼 베네딕도는 본질적인 것이 무엇인지 아는 분이었음이 분명하다.

이상으로 우리는 『성규』를 중심으로 베네딕도의 일곱 가지 인격적 면모를 살펴보았다. 『성규』를 통해 본 베네딕도는 한마디로 통합된 인물이었다고 말할 수 있겠다. 무엇보다도 그는 이상과 현실의 조화를 이루려고 노력했던 분이다. 눈은 항상 하늘(이상)을 향해 있지만, 발은 땅(현실)을 굳게 딛고 있는 분이었다는 것을 알 수 있다.

베네딕도는 세상과 사람을 부정적으로 바라보는 염세주의자가 아니라 오히려 세상과 사람의 구원에 관심을 가지고 긍정적 시선으로 바라보는 낙관주의자였음이 드러난다. 또 인간에 대한 이해가 남달리 깊은 분이었기에 융통성과 유연성을 가지고 인간의 연약함과 자연적 본성을 고려하여 배려하고자 노력하는 인본주의자였다.

그리고 어느 한쪽에 치우침 없이 늘 균형과 절제를 유지하려고 애쓰는 중용의 인물이었다. 베네딕도의 가르침은 성경과 교부들의 전통에 깊이 바탕을 두고 있었고, 거기서 자신의 가르침을 위한 풍부한 수액을 끌어올렸다. 하지만 그는 단순한 전통의 모방자가 아니라 자신의 체험을 바탕으로 이전의 모든 전통을 융합하여 새로운 상황에 적용할 줄 알았던 지혜와 분별력을 지닌 인물이었다.

끝으로 베네딕도의 가장 큰 매력 중 하나는 그가 늘 본질과 핵심을 놓치지 않았다는 점이다. 그는 항상 본질을 지향하고 있었기에 결코 주객전도의 우를 범하지 않았다. 베네딕도는 분명 복음의 핵심과, 성경과 교부들의 가르침에서 핵심이 무엇인지 정확히 간파하신 분이었다. 따라서 규칙을 제정하면서도 늘 그 정신과 규칙이 지향하는 바를 제시하고 있으니, 그것은 바로 사랑이다. 사랑은 우리 영적 완성의 정점이며 우리 영성생활과 수도생활이 지향하는 목표다.

지금까지 『성규』에 나타난 베네딕도 성인의 영적 가르침, 즉 그의 영성을 살펴보았다. 이것을 토대로 베네딕도 영성의 핵심 요소들을 정리해 보면, 무엇보다도 하느님을 향한 여정에서 유일무이한 도구인 순종, 그리고 순종과 연결된 겸손과 경청, 침묵이고, 베네딕도회 삶을 구성하는 세 가지 요소인 하느님의 일opus Dei, 성독lectio divina, 노동labor manuale이다. 또한 베네딕도 영성의 특성을 공동체 영성, 자아 포기의 영성, 중용의 영성, 그리스도 중심의 영성, 이 네 가지로 종합해 볼 수 있겠다.

베네딕도 영성이 공동체 영성인 이유는, 『성규』는 혼자가 아닌 여럿이 함께 하느님을 찾는 공동체생활을 위한 삶의 지침이기 때문이다. 따라서 여기에는 함께 평화롭고 조화롭게 사는 지혜로운 가르침이 담겨 있다.

자아 포기의 영성인 이유는 공동체 영성에서 자연스레

나오는데, 함께 살기 위해서는 자기 포기가 전제되기 때문이다. 자기를 버리지 않고는, 자기를 내어놓지 않고는 처음부터 공동체생활은 불가능하다. 또 그리스도를 따르기 위해서는 자아 포기가 절대적으로 필요하다. 베네딕도는 "그리스도를 따르기 위해 자신을 끊어 버려라"(4,10)라고 말한다. 베네딕도 회원은 수도서원 때 공동체에 정주하여 아빠스에게 순종하며 규칙을 충실히 준수하겠다고 서약함으로써 자신에 대한 포기를 공적으로, 구체적으로 표현한다. 어찌 보면 수행은 자기로부터 자유로워지는 과정이라 할 수 있다.

베네딕도의 영성이 중용의 영성인 이유는 베네딕도의 영적 가르침은 모자람도 지나침도 없고, 엄격함과 유연함, 이상과 현실이 조화를 이루고 있기 때문이다.

끝으로 그리스도 중심의 영성인 이유는 『성규』 전체가 그리스도로 수렴되기 때문이다. 베네딕도 영성의 절정이라고 하는 『성규』 72장의 다음 구절이 이 특성을 잘 보여준다. "아무것도 그리스도보다 선호하지 말라"(72,11). 베네딕도 영성의 백미와도 같은 구절이다. 베네딕도의 영적 가르침은 결국 여기로 집약된다. 우리는 그리스도를 중심으로 하나의 공동체를 이루었다. 공동체의 각 구성원이 그 중심인 그리스도를 향할 때 그 공동체는 핵과 같이 결속되어 세상에 그리스도를 증거할 수 있을 것이다. 그때 "그리스도께서 우리를 모두 함께 영원한 생명으로 인도하실 것이다"(72,12). 그리스도교 영성이 그리스도 중심의 내적 생활이듯이 베네딕도 영성 역시 아주 강한 그리스도 중심의 영성이다.

베네딕도의 영적 가르침은 우리 시대에 특별히 다음과 같은 기여를 할 수 있을 것이다.

첫째, 기도와 영적인 가치들에 우선권을 부여하는 베네딕도의 가르침은 물질만능주의와 과학기술문명에 매몰되어 살아가는 현시대 사람들을 하느님께로 향하게 할 수 있다.

둘째, 기도와 노동으로 이루어진 단순한 삶을 통하여 복음적 가치를 토대로 한 이상적 공동체 건설의 모범이 될 수 있다. 실제로 그리스도를 중심으로 사랑과 평화가 충만한 신앙 공동체는, 핵가족화되고 이혼율이 높은 우리 사회에 하나의 증거적 역할을 할 수 있을 것이다. 즉, 함께 사는 공동체생활의 모범이 되는 것이다. 특별히 개인

주의적이고 편의주의적인 이 시대에 수십 명 혹은 수백 명이 한지붕 아래 함께 산다는 것 자체가 현대인들 눈에는 하나의 기적처럼 보일 수 있다. 아마도 이러한 삶 자체가 중요하고 효과적인 복음 선포요 선교가 아닌가 한다.

셋째, 기도하며 일하는 베네딕도회 삶은 정신과 육체의 조화를 이루게 하며, 전인적 인간 성숙을 가능하게 하는 조화로운 삶의 모델을 제시해 준다. 따라서 갈수록 몸과 마음에 비해 머리만 비대해지는 현대인의 기형적 성숙을 바로잡아 줄 수 있다고 본다.

끝으로 베네딕도의 영적 가르침들은 복잡하고 거짓과 위선이 판치는 이 시대에 진실과 순수, 단순성과 겸손, 고독과 침묵, 모든 사람에 대한 존경심 같은 영적·종교적 가치들을 증거할 수 있을 것이다.

베네딕도의 영적 가르침의 핵심은 아주 간단명료하다. 그리스도를 통해 사랑으로 나아가라는 것이다. 아무리 성경과 규칙을 많이 읽고 공부해서 풍부한 지식을 지니고 있다 해도 이 모든 것의 지향점인 사랑을 놓쳐 버리면 죄다 무의미하다. 이제 우리가 들어와야 하는 곳은 일상이다. 일상은 우리가 그리스도와 하느님을 만나는 곳이다.

그분이 주시는 엄청난 보화가 바로 일상 안에 묻혀 있다.

우리는 날마다 타보르 산을 하산하여 다시 예루살렘으로 올라가야 한다. 온갖 시련과 고통, 좌절과 희망이 기다리는 예루살렘으로 씩씩하게 올라가야 한다. 그곳이 바로 우리가 하느님을 만나고 우리의 나약함을 뼈저리게 체험하는 우리의 사막, 우리의 일상이다.

이제 다시 시작이다. 우리는 매일 새롭게 시작해야 한다. 언제나 초심자로 하루를 맞이하면서 그날그날을 살아가는 자세, 오늘이 내 인생의 마지막 날이라는 자세로 살아가도록 교부들은 우리를 초대하고 있다. 특히 시나이의 요한 혹은 사다리의 요한이라 불리는 요한 클리마쿠스는 저서『천국의 사다리』에서 열정의 불이 절대 꺼지지 않게 돌보는 충실하고 슬기로운 수도자를 이렇게 묘사한다.

죽을 때까지 매일 불에 불을, 열정에 열정을, 열의에 열의를, 갈망에 갈망을 더하기를 절대 멈추지 않는 사람입니다. 첫 번째 단계에 도달한 사람은 뒤돌아보지 않습니다(『천국의 사다리』 1,6).

우리 삶에서 초기의 열정을 간직하고 그것을 키워 가는 것이 중요하다. 시간이 지나면서 초기의 열정을 잃게 되고, 우리 마음은 불 꺼진 장작처럼 싸늘해질 수 있다. 그러므로 매번 새로운 열정으로 마음에 불을 붙이는 것이 중요하다. 하느님을 향한 이 여정에서 열정은 우리를 지치지 않고 계속 전진하게 하는 에너지이기 때문이다.

하느님은 우리 각자 안에 좋은 씨앗을 심어 주셨다. 그 씨앗이 각자의 삶에서 잘 발화할 수 있도록 우리 마음 밭을 잘 가꾸어야겠다. 마음을 닦고 비우는 것이 중요하다. 마음을 닦는다, 마음을 비운다는 것의 핵심은 자기애로부터 자유로워지는 것이다. 거짓 자아로부터 자유로워질 때 마음은 순수해질 것이다. 즉, 좋은 토양이 마련될 것이다. 하느님이 우리 안에 심어 주신 씨앗들이 그때에야 제대로 발화할 수 있을 것이다.

"자비하신 하느님, 저희로 하여금 당신의 좋으심을 깨닫고 당신을 위해 투신할 수 있는 지혜와 용기를 주소서. 또한 길이요 진리요 생명이신 당신 아들 예수 그리스도를 통하여 참생명으로 나아간 베네딕도 성인의 가르침을 충실히 따라 당신 나라의 동거인이 되게 하소서. 아멘."

허성석『성 베네딕도 규칙: 번역 · 주해』들숨날숨 2011.

―『하느님 찾는 삶: 성 베네딕도와 함께하는 영적 여정』들숨날숨 2010.

―「RB 53장에 나타난 그리스도의 역할」『코이노니아』제27집 (2002) 146-180.

―「베네딕도 영성에 대한 고찰」『코이노니아』제28집 (2003) 7-52.

―「렉시오 디비나」『코이노니아』제29집 (2004) 61-107.

―「공동체의 차례와 상호 관계(RB 63장)」『코이노니아』제31집 (2006) 65-94.

―「성규를 통해 본 베네딕도 성인의 인격적 면모」『코이노니아』제35집 (2010) 7-22.

―「수도승생활과 노동」『코이노니아』제36집 (2011) 64-84.

―「공동생활, 걸림돌인가 디딤돌인가?: 공동체생활을 위한 기술」『코이노니아』제37집 (2012) 71-84.

―「공동체 영성」『코이노니아』제38집 (2013) 7-21.

―「베네딕도 성인에게 배우는 리더십」『코이노니아』제40집 (2015) 7-22.

마리아 라르먼「성규 안에서 Contristare와 Tristitia: 공동체와 사기에 대한 언급」허성석 옮김『코이노니아』제35집 (2010) 91-112.